죄를 끊자

최선의 삶
손안의 문고 시리즈

죄를 끊자

유동준 지음

도서출판 최선의 삶

이 소책자를 효과적으로 사용하시려면

1.

목사인 저를 포함해서, 대부분의 신자의 최대의 고충은 도대체 사람이 변하지 않는다는 점일 것입니다. 이 고충에 대한 하나의 작은 해결책이라도 될까 싶어서 이 소책자를 출판하게 되었습니다.

이 소책자가 의도한 것이 신자를 성화에로의 길로 안내하는 것이었으므로, 이 책자의 제목으로는 실은 '죄를 벗어버리자' 라든가 '신앙 성숙을 막는 죄된 습관들' 등으로 붙이는 것이 더 적합했을 지도 모르겠습니다. 그럼에도 불구하고 제목을 '죄를 끊자' 로 한 것은, 우리가 그리스도 안에서 새사람이 되었음에도, 여전히 옛 사람의 행태를 거듭 범하는 것은, 신자로서 할 일이 아니라는 점을, 아주 강하게 강조하기 위한 뜻이 있었습니다.

이제 이 소책자의 원고를 탈고하면서, 이 책자가 신자 여러분에게 좀더 효과적으로 사용되었으면 하는 바램에서, 아래와 같은 필요한 몇 가지 전제

사항들을 머리말 삼아 말씀드리고자 합니다.

2.

이 소책자를 효과적으로 사용하기 위해서, 먼저 알아야 할 것은 신자된 자의 이중구조에 대해 잘 이해해야 한다는 점입니다.

성경이 말씀한 바 그대로, 누구든지 예수 그리스도를 구주로 영접하게 되면 거듭나게 됩니다. 거듭나게 되면 그 순간, 우리 옛 사람은 죽어 없어지고, 대신 그리스도 안에서 새사람으로 다시 태어납니다. 그런데 여기서 말하는 옛 사람이란 인생 내내 마귀에게 사로 잡혀서, 죄를 안지을래야 안 지을 수 없는, 달리는 회생의 방도가 없었던 우리의 운명을 일차적으로 지칭하는 의미가 있습니다.

우리는 바로 그런 처참한 운명에 있었다가 하나님의 은혜로 구원받게 되는데, 이렇게 구원받게 되면 그 순간, 내 안에 터잡고 있었던 죄된 본성은 죽게 되고, 그 대신 내가 그리스도 안에서 새사람으로 다시 태어나게 되는 일대 대변환을

경험하게 됩니다. 다른 말로 해서 예수를 믿게 되는 순간 우리는 종자가 완전히 다른 사람으로 다시 태어나게 되며, 이전과는 전혀 다른 하나님의 씨로 다시 출생하게 되는 것입니다.

이렇게 거듭나게 되면, 그 인생은 성품과 행실과 인생 전반에 있어서 명실상부한 하나님의 자녀로 완성될 것이 100% 약속된 상태에서, 하나님의 인도하에 성장해가게 되는 데, 바로 이 성장해 나가는 신앙생활의 여정을, 신학적으로는 성화라고 부릅니다.

바로 이 때문에 신자에게 있어서 신앙생활의 여정은 남다른 의미가 있습니다. 그런데 이 신앙생활의 여정은 이중구조를 띨 수밖에 없습니다. 왜냐하면 우리가 새사람으로 다시 출생되었다 손 치더라도, 거듭나기 전까지 줄곧 죄를 지어왔었던 게 있기 때문에, 그게 거듭난 후에도 여전히 습관으로 남아 있게 됩니다. 그래서 그게 새생명으로서 아직은 발육 과정 중에 있는 신자를 유혹하며, 신자 위에서 기승을 부리기 때문에 신자는 곁에서 보면 이중적인 구조를 지니고 있는 사람으로 보이는 것입니다.

바로 이 이중구조 때문에, 신자인데도 불구하고 예를 들어 미운 사람을 보면 그를 욕하고 음해하고 저주하곤 했던 옛사람의 행태가 자주 튀어나오는 것입니다. 반면 정작 그 미운 사람을 위해 기도해주고, 그에게 잘 대해주고 사랑해주고 하는 새사람으로서의 행태들은, 아직까지 한번도 해본 적이 없는 미답의 길이기 때문에 신자에게서 잘 안 나오는 것입니다.

그래서 옛사람을 벗어버리기 위한 경건의 연습이 필요한 것입니다. 그런데 이 경건의 연습에는 우리 안에 상존해 있는 죄된 습관들을 마저 벗어버리는 작업이 최우선적으로 선행되어야 합니다. 그러므로 죄된 습관을 벗어버리는 이 작업은 신자된 자의 신앙생활에 있어야 할 중요한 한 부분이 되며, 동시에 성화에의 길을 향한 첫 기초가 된다고도 할 수 있습니다.

3.

문제는 죄된 습관을 벗어버리는 이 작업은, 부흥회에 몇 번 참석해서 은혜 좀 받았다고 단박에 이루어지는 작업이 아니며, 금식기도 며칠하고 성경을 몇독했다고 하루아침에 도달되는 그런 초전박살식의 단기전이 아니라는 것입니다.

죄된 습관을 벗어버리는 이 작업은 매일 많이 기도하고, 계속 성경을 상고해야 하며, 상고한 그 말씀대로 살려고 애쓰고 애쓰고 또 애써야 하는, 평생이 걸리는 긴 작업이라는 것을 알아야 합니다. 물론 하나님의 은혜로 결국은 완성되고야 말 영광된 성화의 과정이지만, 한 번해서 안되면 두 번해야 하고, 두 번해서 안되면 세 번해야 하고, 세 번해서도 안되면 열 번 백 번 천 번 만 번 천만 번 될 때까지 해야 하는 신자의 의지가 동반되어야 가능한 작업이며, 중간 중간에 무수히 좌절하기도 하고 또 허다한 시행착오를 거치기도 하지만, 결국은 완성되고야 말, 그러나 생애 내내 행해져야 하는 장기전이라는 것을 알아야 합니다.

이 소책자는 그 장기전의 아주 작은 한 부분에서나마 신자 여러분께 도움이 될까해서, 그리고 평생 계속되어야 할 이 경건의 연습에 미세한 뒷받침이라도 될까해서, 만들어지게 된 것입니다.

4.

　이 소책자는 휴대용 싸이즈입니다. 휴대용으로 만든 이유는, 호주머니나 핸드백에 항상 소지하고 다니시면서 사용하시라는 뜻에서입니다. 특별히 사람을 기다리는 시간, 차를 기다리는 시간, 화장실 가는 시간 등등 보통 하루에 3—4시간으로 추정되는 짜투리 시간이라도 허수히 쓰지 마시고, 요긴하게 쓰시라는 뜻에서, 그리고 페이지 귀퉁이가 닳아질 때까지 가지고 다니면서 사용하시라고, 이 책자 싸이즈를 휴대용으로 만들었습니다.

　이 소책자는 매 항목마다 다음과 같은 세 부분으로 구성이 되어 있습니다.

　첫째 부분은 죄된 습관들 하나 하나를 설명 드리는 부분입니다. 그런데 여기서 한가지 말씀드릴 점은, 예를 들어서 '시기'라 했을 때, 이 말은 성경에서 문맥에 따라 여러 의미로 쓰이고 있는데, 여기서는 그 여러 의미를 다 싣지 않고, 그 중에서 가장 핵심적인 의미 하나만을 택해서 설명 드렸습니다. 물론 '시기'라는 말이 가진 다른 많은 의미들도 다 설명드릴 수는 있었지만, 그러려면 성경해석학의 한 분과인 성경어휘의미론에 관련된 복잡다기한 사항들이 먼저 설명되어야 하는데, 그러다 보면 자칫 이 소책자의 논지를 흐릴 우려가 있다고 판단되어서, 여기서는 신자들의 성화의 과정과 가장 밀접한 관련이 있는 핵심적인 의미 하나만을 선택해서 설명드렸음을 밝힙니다.

그리고 둘째 부분에서는 죄된 습관을 벗어버리는데 유효한 말씀을 몇구절씩 실어 놓았습니다. 시대가 증명하는 바, 하나님 말씀에는 사람을 교훈하고, 책망하고, 바르게 하고, 의로 교육하고, 치유하고, 교정시키고, 변화시켜주는 초자연적인 능력이 있습니다.

하나님의 말씀이 가진 이 기적의 파워를 믿으시고, 날마다 그에 해당되는 말씀들을 읽고 묵상하고 그 말씀대로 살려고 애쓰고 그리고 많이 기도하다가 보면, 얼마지 않아 영광된 하나님의 자녀로 성큼 성큼 성장해 가는 자신의 모습을 보시게 될 것입니다.

한편 이 말씀들 외에 더 도움이 필요하신 분들을 위해서, 추가로 참고하실 말씀들을 각 항목의 뒷부분에 싣는 것으로 해서, 각 항목의 세 번째 부분을 꾸몄습니다.

5.

이 소책자가 신자 여러분의 성화의 여정에 작은 도움이 되기를 소원하며, 하나님께서 기회를 허락하시고, 신자의 죄된 습관들을 벗어버리는 데에 작은 도움이라도 된다면, 이 소책자를 씨리즈 형태로 연속 발간해나가는 작업을 계속해나갈 것을 약속드립니다.

끝으로 이 소책자의 출판을 맡아주신 도서출판 최선의 삶 김민영 사장님께 깊은 감사를 드립니다.

1999.6.20
유동준

죄를 끊자

차례

벗어버려야 할 죄된 습관들(1)→무정함

　무정함이란 신약성경 원어로는 '아스톨고스'라고 합니다. 이 '아스톨고스'라는 말은, 나하고 라이벌 관계에 있던 어떤 사람이 불행한 일을 당했다는 소리를 듣고도, 그 소리가 듣기에 결코 싫지만은 않은 것을 말합니다.

　즉 어떤 사람하고 어떤 일로 사이가 안 좋게 되었거나, 또는 그 사람하고 싸워서 그 사람한테 앙심을 품고 있었던 차에, 그 사람 아들이 삼수하고 대학에 떨어졌다거나, 그 집에 큰 우환이 생겼다거나, 혹은 그 사람이 하던 사업이 폭삭 망했다거나, 그 사람 건강에 심대한 문제가 생겼다거나 하는 소리를 듣고도, 그 소리가 그렇게 싫치만은 않게 들리는 것!─이것이 바로 무정함입니다. 이 무정함은 신자의 신앙 성장을 가로막는 아주 큰 병입니다.

　여러분! 내가 마음에 꽁하니 원한을 품고 있는 그 어떤 사람의 불행을 보고도, 아파하기는커녕 오히려 즐기는 듯한 내심이 내게 있다면, 그것은 저주받을 일입니다. 그런 죄된 습관이 아직도 나를 유혹하고 있으며, 그동안 그 유혹에 내가 넘어가서 그 저주의 일에 동조해 왔었다는 것에 대해서, 회개하셔야 합니다.

많이 기도하십시오. 다음의 하나님 말씀을 가지고 다니면서 이 소책자의 페이지 귀퉁이가 닳아질 때까지 매일 읽고 외우십시오. 그리고 그대로 살려고 애쓰십시오. 하나님 말씀에는 남의 불행을 즐기는 그런 저주의 마음을 고치는 초자연적인 능력이 있습니다.

- 네 원수가 넘어질 때에 즐거워하지 말며 그가 엎드러질 때에 마음에 기뻐하지 말라 여호와께서 이것을 보시고 기뻐 아니하사 그 진노를 그에게서 옮기실까 두려우니라 (잠 24:17-18)
- 네가 만일 네 원수의 길 잃은 소나 나귀를 만나거든 반드시 그 사람에게로 돌릴지며 (출 23:4)
- 네가 만일 너를 미워하는 자의 나귀가 짐을 싣고 엎드러짐을 보거든 삼가 버려 두지 말고 그

를 도와 그 짐을 부리울지니라 (출 23:5)
- 즐거워하는 자들로 함께 즐거워하고 우는 자
  들로 함께 울라 (롬 12:15)

이외에도 암 1:11, 마 18:28−30, 눅 10:30−32, 욥 6:10, 딤후 3:1−3, 롬 1:28 등의 말씀을 사용하시면, 남이 불행 당하는 것을 보고도 묵시적으로라도 그것을 즐기는 그런 저주스런 마음을 고치는 데 아주 유용하게 작용할 것입니다.

벗어버려야 할 죄된 습관들(2)→보복하려는 마음

나에게 악한 짓을 자행한 사람을 향해, 나도 그가 내게 가한 그대로, 악을 악으로 갚고 싶은 마음! 나도 그 사람에게 가차없이 보복하고 싶은 마음!―이 마음은 신앙 성장에 아주 치명적인 장애가 되는 죄된 습관들입니다.

비록 상대가 내게 아무리 악한 짓을 했다 손치더라도, 그리고 그 사람이 내게 행한 그 악행 때문에 내가 말할 수 없는 모진 고통을 겪었다하더라도, 이제 처지가 바뀌어서 그 사람의 그 악행을 응징할 힘이 내게 생겼다 하더라도, 그 사람에게 보복하려는 마음을 갖는 것은 신자의 일이 아닙니다. 버리셔야 합니다.

그가 구천의 원수일지라도, 그에게 보복할 생각은 꿈에라도 마십시오. 하나님께서 당신의 원수였던 나에 대해서 보복하지 않으시고, 오히려 원수된 나를 살리시기 위해서, 그 아들 예수 그리스도를 희생시키신, 하나님의 그 심정을 묵상하십시오.

더구나 그 동안 나를 도와주고, 나의 편의를 살펴주고, 내게 그렇게 잘해주었던 사람, 원수도 아닌 나의 은인이었던 사람한테, 그 사람이 어쩌다가 한번 내게 섭섭하게 대했다고 해서, 은인인 그 사람한테 앙심을 품고, 보복하려드는 것은, 신자로서 말도 안되는 일입니다. 그쳐야 합니다. 벗어버리셔야 합니다.

우선 이렇게 하십시오. 보복하려는 마음을 가졌던 것을 하나님께 자백하십시오. 사람에게 보복하고 싶어서 안달했던 악한 습성을 내 마음속에서 제해버리리라 결심하십시오. 그리고 나서 다음의 하나님 말씀을 매일 읽고 묵상하십시오. 이 말씀들이 내 영혼에 깊숙이 박혀서, 내 마음을 증오의 마음에서 포용의 마음으로 변화시켜 줄 때까지, 매일 매일 묵상하십시오. 그리고 많이 기도하십시오.

- 너는 악을 갚겠다 말하지 말고 여호와를 기다리라 그가 너를 구원하시리라 (잠 20:22)
- 아무에게도 악으로 악을 갚지 말고 모든 사람

앞에서 선한 일을 도모하라 (롬 12:17)

- 삼가 누가 누구에게든지 악으로 악을 갚지 말게 하고 오직 피차 대하든지 모든 사람을 대하든지 항상 선을 좇으라 (살전 5:15)
- 악을 악으로, 욕을 욕으로 갚지 말고 도리어 복을 빌라 이를 위하여 너희가 부르심을 입었으니 이는 복을 유업으로 받게 하려 하심이라 (벧전 3:9)

이외에 더 참고할 말씀으로는 눅 6:27,35, 눅 6:28, 잠 25:21−22, 롬 12:20, 눅 6:34−35, 눅 6:36, 욥 31:29−30, 눅 21:15, 마 5:44 등의 말씀이 있습니다. 이들 말씀은 사람에게 보복하려는 악한 마음을 벗어버리게 하는 초자연적인 능력이 있는 말씀들입니다.

벗어버려야 할 죄된 습관들(3)—투기

투기란 말은 성경 헬라어로는 '프호도노스' 라고 합니다. 이 단어에는 두가지 의미가 있습니다. 하나는 여기서 말씀드릴 투기의 의미이고, 또 나머지 하나는 다음에 말씀드릴 시기의 의미입니다.

여기서는 먼저 투기의 의미부터 살펴보겠습니다. 투기는 성경에서 질투라고도 하는데, 이 투기는 평소에 자기 보다 못하다고 생각되었던 사람이 조금이라도 잘 되는 것을 보면 배가 아파지는 병을 지칭합니다. 평소에 나보다 못났다고 생각했던 사람이, 나보다 성공했다는 소리를 도무지 못 듣는 것!—이것이 투기입니다.

학벌이나 능력이나 여건 면에서 나보다 못하다고 생각했었던 사람이, 나보다 조금이라도 잘 되는 것을 도무지 못 보아주는 것! 그 사람이 내 후배였든, 나보다 연배가 아래인 사람이였든, 과거에 내가 부리던 사람이였던, 아무튼 나보다 한 수

아래라고 생각했었던 사람이, 자기 보다 조금 더 성공하고, 자기보다 조금 더 성취하는 것을, 눈뜨고는 보지를 못 하는 병!―이 병이 바로 질투라고도 번역된 투기입니다.

이 병을 벗어버려야 합니다. 먼저는 그 동안 투기하며 살았던 것을 깊게 회개하십시오. 그리고 돌이키리라 결심하십시오. 돌이키지 않으시면 내 영혼과 몸만 상합니다. 많이 기도하시면서, 다음의 하나님의 말씀을 매일 매일 읽고 암송하고 묵상하십시오. 이 말씀들이 투기하지 않고는 못 배기는 당신의 마음에서 악한 습성들을 완전히 들추어낼 것을 믿으십시오.

• 그러므로 나 주 여호와가 말하노라 내가 나의 삶을 두고 맹세하노니 네가 그들을 미워하여 노하며 질투한 대로 내가 네게 행하여 너를 국문할 때에 그들로 나를 알게 하리라 (겔 35:11)
• 투기와 술 취함과 방탕함과 또 그와 같은 것들이라 전에 너희에게 경계한 것같이 경계하노니 이런 일을 하는 자들은 하나님의 나라를 유업으로 받지 못할 것이요 (갈 5:21)

• 헛된 영광을 구하여 서로 격동하고 서로 투기
하지 말지니라 (갈 5:26)
• 저는 교만하여 아무 것도 알지 못하고 변론과
언쟁을 좋아하는 자니 이로써 투기와 분쟁과
훼방과 악한 생각이 나며 (딤전 6:4)

이외에도 아 8:6, 잠 23:17, 잠 24:1, 시 37:1,
잠 27:4, 딛 3:3 등의 말씀을 사용하시면 투기하
는 마음을 벗어버리는데 아주 유용합니다.

벗어버려야 할 죄된 습관들(4)→시기

앞서 본 투기가 평소에 자기보다 못낫다고 생각했던 사람이 잘되는 것을 못 보아주는 병이라면, 시기는 그 반대로 자기보다 우월하다고 생각하고 있던 어떤 사람이, 두각을 나타내고 사람에게 칭찬 받는 것을 참지를 못하는 병입니다.

학벌로 보나, 가문으로 보나, 개인적인 능력으로 보나 자기 보다 우월하다고 생각하고 있었던 어떤 사람이, 그래서 열등감을 느끼고 있었던 어떤 사람이, 세상에서 교회에서 직장에서 잘되고 성취하고 성공하는 것을 도무지 못 보아주는 병!—이 병이 바로 시기입니다.

그 사람이 내 선배든, 나보다 연배가 많은 사람이든, 나보다 많이 배운 사람이든 상관없습니다. 아무튼 평소에 나보다 잘난 사람이라고 생각하고 있었던 어떤 사람을, 하나님은 더 들어 쓰시고, 그래서 사람들이 그를 더 따르고 하는 것에 자격지심이 발동하는 병입니다.

그 사람이 나보다 능력이 있고, 성품도 좋고 하다면, 사람들이 그를 더 알아주고, 그 사람이 더 쓰임 받는 것이 당연한 일인데도, 그것을 못 보아주는 병입니다. 그래 가지고 그 사람 뒤에서 그 사람을 괜히 욕하고 깎아내리고 폄하하는 것! ─ 이것이 바로 '시기' 입니다.

말하자면 나만 성공해야 하고, 나만 알아줘야 하고, 나만 잘 되어야 하고, 나만 지고의 왕이어야 한다는 것인데, 이것은 하루 빨리 벗어버려야 합니다. 많이 기도하시면서, 죄된 이 고질적인 습관을 조속히 끊어 내버리리라 결심하십시오. 그렇치 않으면 신앙생활을 하면서도 전혀 기쁨이 없습니다.

우선 이렇게 하십시오. 그 동안 시기하며 살았던 것을 회개하십시오. 그런 다음에 다음의 하나님 말씀을 호주머니에 넣고 다니시면서, 매일 이 말씀들을 읽고 묵상하셔서, 그 말씀이 당신 마음 속에 있는 시기하는 마음을 하나씩 지워가게 하십시오. 하나님 말씀에는 육체의 일을 몰아 내버리고, 사람을 깨끗게 소성시키는 초자연적인 능력이 있습니다.

- 분노가 미련한 자를 죽이고 시기가 어리석은 자를 멸하느니라 (욥 5:2)
- 마음의 화평은 육신의 생명이나 시기는 뼈의 썩음이니라 (잠 14:30)
- 육체의 일은 현저하니 곧 음행과 더러운 것과 호색과 우상 숭배와 술수와 원수를 맺는 것과 분쟁과 시기와 분냄과 당 짓는 것과 분리함과 이단과 투기와 술 취함과 방탕함과 또 그와 같은 것들이라 전에 너희에게 경계한 것같이 경계하노니 이런 일을 하는 자들은 하나님의 나라를 유업으로 받지 못할 것이요 (갈 5:19-21)
- 밤이 깊고 낮이 가까왔으니 그러므로 우리가 어두움의 일을 벗고 빛의 갑옷을 입자 낮에와 같이 단정히 행하고 방탕과 술 취하지 말며 음란과 호색하지 말며 쟁투와 시기하지 말고 오직 주 예수 그리스도로 옷 입고 정욕을 위하여 육신의 일을 도모하지 말라 (롬 13:12-14)
- 그러므로 모든 악독과 모든 궤휼과 외식과 시기와 모든 비방하는 말을 버리고 갓난 아이들 같이 순전하고 신령한 젖을 사모하라 이는 이

로 말미암아 너희로 구원에 이르도록 자라게 하려 함이라 (벧전 2:1—2)

이외에도 더 참고하실 구절로는 고후 12:20, 전 4:4, 전 9:5—6, 고전 3:3, 롬 1:28—29, 약 4:1—3, 약 3:14—16 등이 있는데, 이들 말씀은 시기로 똘똘 뭉쳐 살아왔던 나를 새롭게 갱생시켜 주는 능력이 있습니다.

벗어버려야 할 죄된 습관들(5)→강퍅

강퍅은 신약성경 헬라어로는 '스클레뉘노' 라고 합니다. 이 '스클레뉘노' 라는 말에는 여러 가지 뜻이 있지만, 그 중에 가장 핵심적인 뜻으로는 하나님이 뭐라고 말씀하시는 것을 전혀 곧이 듣지 않으려는 신자의 경색된 마음을 지칭하는 의미가 있습니다.

여러분! 신자는 성경대로 안 살면 그 인생이 망쪼들 수 밖에 다른 선택이 없다는 것을 알아야 합니다. 하나님께서 하라는 것은 하나도 안하고, 하나님께서 하지 말라고 하신 것은 다 하고, 하나님의 말씀을 자기 발뒤꿈치의 때만큼도 생각 않고, 자기 마음대로 자기 편한 대로 살다가 그 귀한 인생을 다 허송세월해버리고 나서, 후회하는 신자들이 한둘이 아닙니다.

다시 말씀드립니다. 신자는 성경대로 살아야 되는 존재들입니다. 성경대로 안 살면 못삽니다. 설혹 성경대로 안 사는데도 사는 것은, 산다고 해도 사는 것이 아닙니다. 그러므로 당장 보기에는 큰 손해보는 것 같아도, 말씀대로 살 것을 결심하십시오. 내 생각대로 살면 내 인생 내가 책임져야 하지만, 말씀대로 살면 그렇게 살라고 하신 하나님이 내 인생 책임지십니다. 한번뿐인 내 인생, 오죽잖은 나한테 맡기지 말고, 전능하신 하나님께 맡기십시오. 그게 지혜로운 신자입니다.

우선 그 동안 내가 하나님 앞에 강퍅한 삶을 살아 왔음을 하나님께 자백하십시오. 그런 다음에 다음의 하나님 말씀을 가지고 다니면서, 페이지 귀퉁이가 닳아 없어질 때까지 매일매일 읽고 오우고 묵상하고 받아들임으로, 하나님 말씀을 곧이 듣지 않으려던 나의 강퍅한 정욕을 내게서 몰아내게 하십시오. 하나님의 말씀에는 내 마음에서 그런 강퍅한 요소를 몰아내고, 내 마음을 새롭게 만드는 능력이 있으며, 나로 하여금 하나님의 뜻이 무엇인지를 분별케 해주는 힘이 있습니다.

• 말씀을 멸시하는 자는 패망을 이루고 계명을 두려워하는 자는 상을 얻느니라 (잠 13:13)
• 지혜롭다 하는 자들은 수욕을 받으며 경황 중

에 잡히리라 보라 그들이 다 여호와의 말을 버렸으니 그들에게 무슨 지혜가 있으랴 (렘 8:9)
- 예수께서 가라사대 오히려 하나님의 말씀을 듣고 지키는 자가 복이 있느니라 하시니라 (눅 11:28)
- 내가 주께 범죄치 아니하려 하여 주의 말씀을 내 마음에 두었나이다 (시 119:11)
- 청년이 무엇으로 그 행실을 깨끗게 하리이까 주의 말씀을 따라 삼갈 것이니이다 (시 119:9)

이외에도 렘 23:29, 마 4:4, 마 7:24−25, 눅 6:47−48, 요 8:51−52, 시 18:30, 사 30:9, 롬 10:17, 시 19:7, 시 119:130, 잠 30:5, 벧전 2:8, 민 15:31 등의 말씀을 사용하시면, 내가 얼마나 하나님 말씀을 곧이 듣지 않으려는 강퍅한 삶을 살아왔는지를 깨닫게 해주고, 그것에서 돌이키게 해줍니다.

벗어버려야 할 죄된 습관들(6)→거짓말

안해도 되는 거짓말을 기어이 해야, 직성이 풀리는 신자들이 많습니다. 중요한 일도 아니고, 그 거짓말을 했다고 해서, 자신에게 무슨 큰 유익이 돌아오는 것도 아닌데, 아주 사소한 일에도 거짓말을 하는 습관을 떨쳐 내버리지 못하는 신자들이 적지 않습니다.

뻔히 아는 일인데도, 한 다리만 건너면 금방 들통이 날 거짓말인데도, 눈하나 변치 않고 거짓을 말하는 이 버릇은 속히 벗어버려야 합니다. 고치지 않고 그대로 두고 자꾸 거짓말하는 생활을 하게 되면, 종국에는 그게 사람의 얼굴까지 굳어지게 만들어 버립니다.

더 늦기 전에 조처하셔야 합니다. 많이 기도하셔야 합니다. 걸핏하면 거짓말을 하는 그런 악한 습성이 내게 여전히 잔존해 있는 것을, 아주 징그럽게 생각하십시오. 그리고 거짓말하는 그 버릇이 내 인생을 얼마나 망쳐왔었는 지를 뼈저리게 인식하십시오. 거짓말하는 버릇을 앞으로도 계속 가지고 있으면, 그게 결국은 내 인생을 송두리채 말아먹을 것에 대한 두려움을 가지십시오.

다음의 하나님 말씀들을 매일매일 읽고 외우고 묵상하십시오. 그리고 그동안 거짓말해 왔던 것을 깊이 회개하십시오. 아래의 말씀을 날마다 소리내어 복창하십시오. 그리하여 내 마음을 점거하고 있던 거짓말하는 습관을, 말씀이 몰아 낼 때까지 이 말씀들을 매일 읽고 묵상하십시오. 하나님 말씀에는 거짓말로 점철된 나의 입술을 소생시키는 위대한 능력이 있습니다.

- 거짓 증인은 벌을 면치 못할 것이요 거짓말을 내는 자는 망할 것이니라 (잠 19:9)
- 거짓 행하는 자가 내 집안에 거하지 못하며 거짓말하는 자가 내 목전에 서지 못하리로다 (시 101:7)
- 진실한 입술은 영원히 보존되거니와 거짓 혀는 눈 깜짝일 동안만 있을 뿐이니라 (잠 12:19)
- 거짓말하는 자를 멸하시리이다 여호와께서는 피 흘리기를 즐기고 속이는 자를 싫어하시나이

다 … 저희 입에 신실함이 없고 저희 심중이 심히 악하며 저희 목구멍은 열린 무덤 같고 저희 혀로는 아첨하나이다 (시 5:6, 9)

- 여호와의 미워하시는 것 곧 그 마음에 싫어하시는 것이 육칠 가지니 곧 교만한 눈과 거짓된 혀와 무죄한 자의 피를 흘리는 손과 악한 계교를 꾀하는 마음과 빨리 악으로 달려가는 발과 거짓을 말하는 망령된 증인과 및 형제 사이를 이간하는 자니라 (잠 6:16-19)
- 그런즉 거짓을 버리고 각각 그 이웃으로 더불어 참된 것을 말하라 이는 우리가 서로 지체가 됨이니라 (엡 4:25)

이 외에도 더 참고할 말씀으로 잠 17:7 잠 19:22, 잠 21:29, 계 21:8, 27, 계 22:15, 시 12:2-3, 엡 4:25, 29, 렘 9:3, 5-6, 8 등은 상습적으로 거짓말하려드는 나를 고쳐서 거룩한 하나님의 사람으로 소생시키는 능력이 있습니다.

벗어버려야 할 죄된 습관들(7)→원통해함

성경은 신자에게 원수를 용서하라고 주문하고 있습니다. 혹 사람이 내게 잘못한 것이 있다하더라도, 그것을 내내 기억하지 말라고 교훈하고 있습니다. 내내 기억하고 있으면 그게 응어리져서 나중에는 원통함으로 커져버리기 때문입니다. 그래서 성경은 바로바로 사람을 용서하고 살라고 하신 것입니다.

그런데 사람을 용서하려면 우선 우리가 도대체 어떤 용서받을 수 없는 상태에 있다가, 하나님께 용서받고 살아난 사람인지를 잊지 말아야 합니다. 내가 얼마나 가망성 없는 인간이었었는데, 거기서 하나님의 은혜로 기적적으로 용서를 받아서 오늘을 살고 있는 지를 자각해야 남을 용서하고 남에 대해 원통함을 품지 않는 것이 가능합니다.

하나님이 이제까지 내 인생에 베푸신 하해와 같은 은혜를 백만 분의 일 아니 천만 분의 일만이라도 자각한다면, 남이 내게 좀 잘못을 하고,

누가 내 눈에 거슬리는 일을 했을 때에라도 그에게, 넌 왜 그래! 라고 눈을 부라릴 수는 없는 것입니다. 심지어 누가 내게 정말 용서 못할 악한 짓을 했다하더라도, 내가 하나님으로부터 얼마나 엄청난 용서를 받은 사람인가를 자각한다면, 용서할 수 없는 그 사람이라도 용서해줄 수 있게 된다는 것이, 성경의 가르침입니다.

그렇습니다. 신자는 너나 할 것없이 그 누구에 대해서도, 아무리 악독한 사람에 대해서도, 아니 뭐 저따구가 있어! 하고 감히 입을 열 수 없습니다. 그만큼 우리는 엄청난 용서를 하나님께로부터 받은 사람들이라는 것을 알아야 합니다.

그러므로 그 동안 원통함을 풀지못하고 지니고 있었던 것에 대해서 먼저 하나님 앞에 회개 자백하십시오. 그리고 이 습관이 없어질 때까지 많이 기도하십시오. 기도하시면서, 누가 내게 작은 잘못만 해도,그것을 용서 못하고 마음에 내내 꽁해 가지고 있었던 습성을 이 참에 내 마음속에서 제해버리리라 결심하십시오.

그리고 하나님의 말씀만이 나를 그런 사람으로 바꾸어주는 능력이 있다는 것을 믿으시고, 다음의 하나님 말씀을 매일매일 읽고 묵상하십시오. 사람을 용서 못하는 악한 습관이 떨어져나가고, 대신 사람을 불쌍히 여기고 민망히 여기는 그리스도의 마음이 내게 창출될 때까지, 이들 말씀을 매일 외우고 생각하고 묵상하십시오. 그리고 용서하며 살려고 애쓰십시오.

- 그 때에 베드로가 나아와 가로되 주여 형제가 내게 죄를 범하면 몇 번이나 용서하여 주리이까 일곱 번까지 하오리이까 예수께서 가라사대 네게 이르노니 일곱 번뿐 아니라 일흔 번씩 일곱 번이라도 할지니라 (마 18:21－22)
- 너희는 스스로 조심하라 만일 네 형제가 죄를 범하거든 경계하고 회개하거든 용서하라 만일 하루 일곱 번이라도 네게 죄를 얻고 일곱 번 네게 돌아와 내가 회개하노라 하거든 너는 용서하라 하시더라 (눅 17:3－4)
- 누가 뉘게 혐의가 있거든 서로 용납하여 피차 용서하되 주께서 너희를 용서하신 것과 같이 너희도 그리하고 (골 3:13)
- 서로 인자하게 하며 불쌍히 여기며 서로 용서

하기를 하나님이 그리스도 안에서 너희를 용서하심과 같이 하라 (엡 4:32)

• 내가 처음 변명할 때에 나와 함께 한 자가 하나도 없고 다 나를 버렸으나 저희에게 허물을 돌리지 않기를 원하노라 (딤후 4:16)

이외에 더 참고할 말씀으로는 행 7:60, 눅 23:34, 출 23:4,5, 롬 12:20, 마 6:12−15, 마 18:21−22, 35:21−35, 막 11:25−26, 고후 2:7−10 등이 아주 유용합니다.

벗어버려야 할 죄된 습관들(8)→다툼

다툼이란 불화를 말합니다. 자꾸 사람들하고 사이좋게 지내지 못하고, 분쟁하고 싸우는 것을 말합니다.

그런데 다툼이라는 것, 즉 싸움이라는 것은 둘이 부딪쳐야 일어나는 것입니다. 그런데 둘이 부딪치는 것에는 여러 이유가 있지만 대부분은 너는 틀리고 나는 옳다! 는 것 때문에 부딪치게 됩니다. 그래서 나는 옳고 잘났고, 너는 틀리고 못났다! 는 생각을 가지고 있는 한, 자기가 볼 때 틀리고 못났다고 생각되는 사람을 무시하고, 깔보고, 함부로 대하고, 반말 턱턱하게 되고, 그러다가 그 상대하고 부닥쳐서 싸우고 불화하고 다투게 되는 일이 다반사로 일어날 수밖에 없습니다.

그러나 나는 옳고 너는 틀리다! 고 생각하는 것 자체가 성경적인 생각이 아니라는 것을 알아야 합니다. 신앙은 누가 옳고 누가 틀리고 하는 것을 가리기 위해 있는 것이 아닙니다. 신앙은 시시비

비를 밝혀내기 위해서 있는 것이 아닙니다. 신앙은 사람을 살리기 위해서 있는 것입니다. 그런데 사람을 살리려면 남에 대해서, 옳다! 틀리다!로 인식하지 말고, 그 사람은 나와는 의견이 다를 뿐이다!는 인식을 가져야 합니다.

그러므로 이렇게 하십시오. 그 동안 걸핏하면 나를 내세우려다가 사람하고 싸우곤 했던 행태를 하나님 앞에서 모두 회개하십시오. 그리고 할 수만 있으면 사람들하고 화목하게 지내리라! 는 결심을 하십시오. 저 사람은 나하고 틀린 사람이 아니라, 단지 나하고 다른 사람일뿐이라는 인식을 가지도록 애쓰십시오. 그리고 나서 다음의 하나님의 말씀을 대일매일 읽고 암송하고 묵상하십시오. 이 말씀들이 나를 변화시켜 줄 것을 믿으십시오.

- 다투는 시작은 방축에서 물이 새는 것 같은즉 싸움이 일어나기 전에 시비를 그칠 것이니라 (잠 17:14)
- 다툼을 멀리하는 것이 사람에게 영광이어늘 미련한 자마다 다툼을 일으키느니라 (잠 20:3)
- 할 수 있거든 너희로서는 모든 사람으로 더불

어 평화하라 (롬 12:18)

• 그러므로 예물을 제단에 드리다가 거기서 네 형제에게 원망들을 만한 일이 있는 줄 생각나거든 예물을 제단 앞에 두고 먼저 가서 형제와 화목하고 그 후에 와서 예물을 드리라 너를 송사하는 자와 함께 길에 있을 때에 급히 사화하라 그 송사하는 자가 너를 재판관에게 내어주고 재판관이 관예에게 내어주어 옥에 가둘까 염려하라 진실로 네게 이르노니 네가 호리라도 남김이 없이 다 갚기 전에는 결단코 거기서 나오지 못하리라 (마 5:23—26)

이외에도 롬 14:9, 고후13:11, 시 34:12—14, 히12:14, 막 9:50, 살전 5:13, 창 45:24 등의 말씀을 매일 묵상하십시오. 이 말씀들에는 나를 화목케 하는 사람으로 만들어 주는 능력이 있습니다.

벗어버려야 할 죄된 습관들(9)—외식

외식이란 말은 가증이라고도 합니다. 그런데 가증이란 말은 성경 헬라어로는 '브델뤼그마'라고 합니다. 이 단어는 사람됨이 이중적이고 위선적인 것을 나타냅니다. 특히 사람들에게 보이려고, 교회에서는 잘하다가도, 집에서는 하는 짓이 영 딴판인 것이 외식 즉 가증의 전형적인 예입니다.

그러므로 아무리 교회에서 신실한 장로이고 집사이고, 그래서 봉사도 열심히 하고, 헌금도 많이 하고, 기도도 많이 하더라도, 집에서는 전혀 딴판으로 산다면 그것은 외식입니다. 외식은 하나님께서 가증하게 여기시는 일입니다. 교회에서 사람 앞에서만 거룩한 척 경건한 척하지, 집에 와서는 남편한테 아내한테 자식들한테 식구들한테 신경질 부릴 것 다 부리고, 소가지 부릴 것 다 부리고, 미워할 것 다 미워하며 사는 이중적인 행태!—이것이 바로 외식이고 가증입니다.

이 이중성을 속히 안 고치고 그대로 방치해두

면 점점 악화되어서, 나중에는 신앙생활이 화인 맞은 것처럼 굳어져 버립니다. 그러므로 더 늦기 전에 회개하십시오. 다음의 하나님 말씀을 매일 읽고 생각하고 외우십시오. 이 말씀들이 내 마음에 있는 외식된 것을 몰아내고, 내 마음에 하나님이 원하시는 새로운 이미지를 만들 때까지, 매일 읽고 묵상하고 많이 기도하십시오. 그리고 사람을 변화시키는 힘이 하나님의 말씀에 있음을 믿고, 교회에서 기도하고 교회밖에서도 기도하여 연결이 되게 살려고 애쓰십시오.

• 가라사대 이사야가 너희 외식하는 자에 대하여 잘 예언하였도다 기록하였으되 이 백성이 입술로는 나를 존경하되 마음은 내게서 멀도다 (막 7:6)
• 헛된 제물을 다시 가져 오지 말라 분향은 나의 가증히 여기는바요 월삭과 안식일과 대회로 모이는 것도 그러하니 성회와 아울러 악을 행하는 것을 내가 견디지 못하겠노라 (사 1:13)
• 이와 같이 너희도 겉으로는 사람에게 옳게 보이되 안으로는 외식과 불법이 가득하도다 (마

23 : 28)

• 내가 너희 절기를 미워하여 멸시하며 너희 성회들을 기뻐하지 아니하나니 너희가 내게 번제나 소제를 드릴지라도 내가 받지 아니할 것이요 너희 살진 희생의 화목제도 내가 돌아보지 아니하리라 네 노래 소리를 내 앞에서 그칠지어다 네 비파 소리도 내가 듣지 아니하리라 오직 공법을 물같이, 정의를 하수같이 흘릴지로다 (암 5 : 21 — 24)

이외에도 호 6 : 6, 창 4 : 5 — 7, 전 5 : 1, 요 4 : 23 — 24, 마 15 : 9, 잠 28 : 9, 잠 21 : 27, 신 30 : 17 — 18 등의 말씀은 나의 외식되고 가증된 모습을 여실히 보게 만들어 주며, 그 이중적인 모습을 고칠 수 있는 영적인 능력이 있습니다.

벗어버려야 할 죄된 습관들(10)→정죄

　다른 사람이 추악한 짓을 저지르는 것을 보고, 사람이 어찌 저럴 수 있는가? 사람이 어떻게 저렇게 파렴치한 일을 저지를 수 있나! 하고 정죄하는 마음에서 혀를 찬다면, 그것은 아직 인간이란 무엇인가를 모르는 데서 나온 소치입니다.

　사람은 너나할 것없이 구원받기 전까지는 더럽고 부패하고 추악하기 짝이 없었던 존재였음을 알아야 합니다. 무지막지한 죄를 눈 하나 깜짝 않고 지어왔던 족속이였음을 알아야 합니다.

　사람은 누구나 그런 악한 상태에 있다가 하나님의 은혜로 구원을 받게 되는데, 구원받은 이후에도 그 악독한 죄성이 습관의 형태로 우리 몸에 우리 뼈에 우리 살 속에 여전히 상존해 있기 때문에, 신자라도 누구나 파렴치 한 죄를 저지를 가능성을 항상 안고 있다는 것을 알아야 합니다. 다만 신자는 하나님이 붙잡아 주셔서 그런 파렴치한 죄를 안 저지르고 있는 것뿐입니다.

　그러므로 누가 파렴치한 죄를 범한 것을 보고, 하나님께서 막아주시지 않았더라면, 나도 저런 천인공노할 짓을 저질렀을 사람인데! 하는 생각을 해야 합니다. 그런 죄를 저지르는 것에서부터 나를 멀리하게 해주신 하나님께 감사해야 하고, 파렴치한 짓을 저지른 사람에 대해서 대놓고 손가락질하고 정죄하고 그러지 말고, 오히려 그를 측은히 여기는 마음이 있어야 합니다.

　먼저 그 동안 악한 짓을 한 사람들을 대놓고 정죄해왔던 것을 하나님 앞에 자백하십시오. 나는 깨끗한 냥 남을 정죄해 왔던데서 돌이키겠다고 선언하십시오. 그런 다음에 다음의 하나님 말씀을 가지고 다니시면서 페이지가 닳아질 때까지 매일매일 읽고 외우고 또 그대로 살려고 애쓰십시오. 그 말씀이 내 마음속에서 일하고 교훈하게 하십시오. 나의 마음을 점거하고 있는 남을 손가락질하는 정죄하는 마음이 물러갈 때까지 계속 말씀을 내 몸에 적용시켜 가십시오.

● 사단이 밀 까부르듯 하려고 너희를 청구하였으나 내가 허락치 아니하였노라 (눅 22:31)

- 선을 행하고 죄를 범치 아니하는 의인은 세상에 아주 없느니라 (전 7:20)
- 주 여호와 내가 말하노라 네가 잿물로 스스로 씻으며 수다한 비누를 쓸지라도 네 죄악이 오히려 내 앞에 그대로 있으리니 (렘 2:22)
- 사람이 감당할 시험밖에는 너희에게 당한 것이 없나니 오직 하나님은 미쁘사 너희가 감당치 못할 시험당함을 허락지 아니하시고 시험당할 즈음에 또한 피할 길을 내사 너희로 능히 감당하게 하시느니라 (고전 10:13)

이외에도 시 18:2, 잠 4:6, 수 1:5, 사 41:10, 시 57:1, 시 37:28 등의 말씀을 통해서, 나를 죄를 짓는 것에서부터 멀리 떨어뜨려 주시는 하나님의 보호하심을 체험하시고 감사하십시오. 그리고 죄의 유혹에는 곁눈길도 주지 마십시오.

벗어버려야 할 죄된 습관들(11)→의심

  신앙생활을 잘하고 있는데도, 그 신앙생활 잘한 것이 이 땅에서 가시적인 어떤 결과로 나타나기는커녕, 오히려 더 험한 일만 당하게 되면, 보통 신자들은 이거 내가 제대로 가고 있는가! 하는 의심을 하게 됩니다.

  신앙생활 잘하고 있는 그것이 이 세상에서 현세적이고 물질적인 보상으로 바로바로 연결이 안되고 있다는 현실 때문에, 그리고 신앙이 개떡같은 사람은 오히려 세상적으로 더 흥왕하게 되는 것들을 목도하면서, 때로 낙담하고 시험받고 그러는 것입니다.

  그러나 이 세상에서 신앙 생활 잘 한 것에 대한 보상은 근원적으로는 천국에서 받는다는 것을 알아야 합니다. 그러므로 자기가 신앙생활 잘하고 있는 것에 따른 보상을, 이 세상에서 물질적 세상적 현세적인 것으르 보상 못 받는데에 대해서, 쓸데없이 낙담하거나 좌절하다가, 하나님을 의심하는 데까지 빠지지 않도록 조심해야 합니다.

우선은 천국에서 신자가 받을 보상을 이 땅에서 미리 볼 수 있는 영적인 안목을 달라고 하나님께 많이 기도하십시오. 이 땅에서 신앙생활 잘 한 것을 가지고 바로 이 세상에서 눈에 보이는 것으로 보상을 받으려고 하는 조급한 마음을 제해버리고, 그것 때문에 내 신앙이 유혹 받는 일이 없도록, 세상에서 인내하는 힘을 달라고 기도하십시오. 그리고 적어도 서너달 이상 다음의 하나님 말씀을 매일 읽고 묵상하시고, 그렇게 사시려고 애쓰십시오.

• 우리 주 예수 그리스도로 말미암아 우리에게 이김을 주시는 하나님께 감사하노니 그러므로 내 사랑하는 형제들아 견고하며 흔들리지 말며 항상 주의 일에 더욱 힘쓰는 자들이 되라 이는 너희 수고가 주안에서 헛되지 않은 줄을 앎이니라 (고전 15:57-58)
• 우리가 선을 행하되 낙심하지 말지니 피곤하지 아니하면 때가 이르매 거두리라 (갈 6:9)- 묵묵히 성실히 말씀 앞에 사시는 신자된 자랑

을 놓치지 마십시오.

- 귀 있는 자는 성령이 교회들에게 하시는 말씀을 들을지어다 이기는 그에게는 내가 하나님의 낙원에 있는 생명나무의 과실을 주어 먹게 하리라 (계 2:7)
- 귀 있는 자는 성령이 교회들에게 하시는 말씀을 들을지어다 이기는 그에게는 내가 감추었던 만나를 주고 또 흰 돌을 줄 터인데 (계 2:17)
- 이기는 자와 끝까지 내 일을 지키는 그에게 만국을 다스리는 권세를 주리니 (계 2:26)

이 말씀들 외에도 계 3:5, 3:12, 3:21, 빌 3:14, 딤후 4:8, 약 1:12 등의 말씀도 매일 읽고 묵상하십시오. 신자가 이 땅에서의 현세적인 고단함을 당하는 것으로 인해서 시험받아서, 자기도 모르게 하나님을 의심하는 데에 빠지지 않도록 확실한 안내자 역할을 해줄 것입니다.

벗어버려야 할 죄된 습관들(12)→미워함

신자들이 보면 사람 미워하느라, 그 귀한 시간들을 다 보내는 사람들이 한둘이 아닙니다. 좋은 기분으로 지내다가도, 마귀가 한번 미운 사람 얼굴을 생각으로 찔러주면, 마음이 혼란해져버려서, 그만 그 이후의 모든 판을 스스로 깨어 버리는 신자가 허다합니다.

그러나 여러분! 사람 미워하는 것은 살인입니다. 직접 죽이지 않았을 뿐, 살인은 확실한 살인입니다. 내 평생에 얼마나 많은 사람을 마음으로 살인했는지는 살피셔야 합니다. 법대로 따지자면, 내가 사람을 미워한 살인으로 인해서, 지금 수백 년 수천 년을 무기 징역 선고받고 지금도 영등포 감옥에서 옥살이하고 있거나, 이미 사형선고를 집행 받아서 죽었거나 했을 것이라는 생각을 하셔야 합니다.

그러므로 마음으로 살인해왔던 것!—더 늦기 전에 회개하십시오. 울고불고 하는 것이 회개가 아닙니다. 그 동안 사람을 미워하며 살았으면, 지금부터는 미워하지 않는 것이 회개입니다.

많이 기도하십시오. 그리고 다음의 하나님 말씀을 사용하십시오. 하나님 말씀에는 사람을 미워하는 고질적인 버릇을 당신에게서 몰아 내버리는 초자연적인 능력이 있습니다. 다음의 하나님 말씀을 호주머니에 넣고 가지고 다니시면서, 매일매일 읽고 생각하고 묵상하십시오. 그리고 아무리 파렴치한 짓을 한 사람이라도 그 사람이 몰라서 그랬거니 하고, 사랑하면서 살려고 애쓰십시오.

- 미움은 다툼을 일으켜도 사랑은 모든 허물을 가리우느니라 (잠 10:12)
- 너는 네 형제를 마음으로 미워하지 말며 이웃을 인하여 죄를 당치 않도록 그를 반드시 책선하라 (레 19:17)
- 그 형제를 미워하는 자마다 살인하는 자니 살인하는 자마다 영생이 그 속에 거하지 아니하는 것을 너희가 아는 바라 (요일 3:15)
- 여간 채소를 먹으며 서로 사랑하는 것이 살진

소를 먹으며 서로 미워하는 것보다 나으니라 (잠 15:17)
- 누구든지 하나님을 사랑하노라 하고 그 형제를 미워하면 이는 거짓말하는 자니 보는바 그 형제를 사랑치 아니하는 자가 보지 못하는바 하나님을 사랑할 수가 없느니라 (요일 4:20)
- 악이 악인을 죽일 것이라 의인을 미워하는 자는 죄를 받으리로다 (시 34:21)

이 외에도 더 참조할 말씀으로는 마 6:15, 갈 5:19, 마 24:10, 잠 29:10, 잠 26:24, 27, 요일 3:15, 요일 4:20 등이 있습니다. 이 말씀들은 내 마음에서 미움을 뽑아내고, 대신 원수라도 사랑하는 힘을 창출해 줄 것입니다.

벗어버려야 할 죄된 습관들(13)→무자비함

무자비란 인정사정이 없는 것을 말합니다. 사람이 마음이 모질고 독한 것을 말합니다. 우리가 그리스도 안에서 새사람으로 태어났음에도 불구하고 무자비한 마음이 아직도 내 안에 상존하고 있음을 가끔 확인할 수 있는 때가, 바로 전도할 때입니다.

전도를 했는데 자기가 생각하고 있는 소기의 성과를 못 거두면, 씩씩대면서 예수 믿지 않는 것들은 죽어서 지옥가도 싸다! 고 생각하는 신자들이 의외로 많습니다. 물론 기껏 전도를 했는데도, 상대가 믿지도 않고 빤질거리면 화가 나서 그래 너같은 놈은 지옥을 가도 싸다! 하고, 팽개치고 나오게 되는 일이 간혹 있을 수 있습니다. 또 그렇게까지는 안해도 마음으로라도 그래, 너 지옥가도 내책임은 아니다! 라는 생각이 들 때가 있는 것이 사실입니다. 그러나 엄밀히 말하면 이것은 신자의 일은 아닙니다.

여러분! 하나님께서 불신자에 대해서 어떠한 마음을 가지고 계실 것 같습니까? 하나님께서도 에이! 이 안 믿는 것들! 지옥가도 마땅한 것들! 하고 그들을 저주하실 것 같습니까? 아닙니다. 하나님께서는 오히려 그들을 불쌍히 여기십니다.

그들이 안 믿어서 종국에는 지옥을 가게 되는 것을 그렇게 안타깝게 여기십니다. 그래서 하나님께서는 그들이 이 땅에 살아 있는 동안에라도 신자와 똑같이 그들을 선대하시길 원하십니다. 불신자들에게도 신자에게와 똑같이 해와 비를 주십니다. 너는 안 믿는 놈이니, 너한테는 햇빛도 안주겠다! 이러지 않으십니다. 똑 같이 주십니다. 똑같이 먹이십니다.

불신자들은 마귀의 자식이 아닙니다. 마귀의 자식들이 아니라, 죄로 인해서 마귀한테 종으로 사로잡혀 있는 하나님의 피조물입니다. 그들이 세상 살 때 호의호식하는 것 아닙니다. 주일에 들로 산으로 극장으로 즐기면서 사는 것같아도, 실은 그들도 고생뿐인 인생을 사는 것입니다.

그렇게 고생고생 하다가 죽어서 좀 쉴까 해서 간 곳이 지옥입니다. 여러분이 그 인생이라면 얼

마나 기가 막힌 인생이겠습니까? 그래서 하나님
께서는 그들을 불쌍히 여기시는 것입니다.

그러므로 불신자들에게 덮어놓고 사탄아! 물러
가라! 하시면 안됩니다. 그들을 불쌍히 여기시고
민망히 여기시고 더 잘해주십시오. 많이 기도하
시고 다음의 하나님의 말씀을 매일 읽고 암송하
고 묵상함으로서, 이 말씀들이 불신자에 대해 내
가 그간 가졌던 악한 마음을 물리치고, 대신 나도
불신자에 대해서 하나님의 마음을 구비할 수 있
을 때까지 많이 묵상하십시오. 그리고 불신자에
게 더욱 잘해주십시오.

- 나 주 여호와가 말하노라 내가 어찌 악인의 죽
  는 것을 조금인들 기뻐하랴 그가 돌이켜 그 길
  에서 떠나서 사는 것을 어찌 기뻐하지 아니하
  겠느냐 (겔 18:23)
- 주 여호와의 말씀에 나의 삶을 두고 맹세하노
  니 나는 악인의 죽는 것을 기뻐하지 아니하고
  악인이 그 길에서 돌이켜 떠나서 사는 것을 기
  뻐하노라 (겔 33:11)
- 이같이 한즉 하늘에 계신 너희 아버지의 아들

이 되리니 이는 하나님이 그 해를 악인과 선인에게 비취게 하시며 비를 의로운 자와 불의한 자에게 내리우심이니라 (마 5:45)
• 너희 아버지의 자비하심 같이 너희도 자비하라 (눅6:36)

이외에도 눅 10:25-37, 고후 2:6-10, 마 9:13, 27, 롬 15:9 등의 말씀은 당신에게 불신자를 불쌍히 여기는 마음을 창출해 줄 것입니다.

벗어버려야 할 죄된 습관들(14)→속임

성경에서 속이는 것은 여러 용례로 쓰이지만, 여기서는 돈과 관련해서 남을 속여서 부정하게 돈을 모으는 것을 지칭하는 의미만을 살펴보겠습니다. 역사가 보여주는 바, 속여서 돈을 모으는 것은 결국은 자기 인생을 송두리째 망치는 것으로 귀결됩니다.

물론 속여서 돈벌 때야 그 돈을 버는 재미에 묻혀서, 당시에는 그게 자기 인생을 말아먹는 일이라는 것을 모릅니다. 그러나 남을 속여서 번 불의한 돈은 추후에 반드시 드러나기 마련이고, 그래서 그 인생은 결국에 아주 망쪼가 드는 것입니다.

그러므로 신자는 아무리 형편이 궁해도 부정직한 돈은 만질 생각도 마시고, 쳐다보시지도 마셔야 합니다. 속여서 돈을 모으는 것은 내 목숨을 단명케 하는 일이라 생각하시고 두려워하셔야 합니다. 그리고 그렇게 돈 모아봤자 쉽게 달아난다는 것을 알아야 합니다.

그러므로 신자로서 단돈 10원이라도 부정하게 누구를 속이거나 사기하거나 착취해서 돈을 만질 생각은 꿈도 꾸지 마십시오. 그런 돈은 만질 궁리하는 것 조차를 두렵게 여기십시오.

혹 지금까지 그래오셨으면 돌이키십시오. 지금도 늦지 않았습니다. 회개하십시오. 그리고 다음의 하나님 말씀을 매일 읽고 외우고 묵상하고 받아들임으로, 속임수로 돈을 벌려는 유혹을 내게서 근원적으로 몰아내십시오. 좀 못살아도, 좀 못먹어도, 좀 못 입어도, 좀 불편해도 부정한 돈에는 손을 안 대는 습관이, 내 안에 정착되게 해달라고 기도하십시오. 그때까지 이 말씀들을 묵상하십시오. 말씀에는 그런 초자연적인 능력이 있음을 믿으십시오. 그리고 그렇게 사십시오.

• 속이는 말로 재물을 모으는 것은 죽음을 구하는 것이라 곧 불려다니는 안개니라 (잠 21:6)
• 적은 소득이 의를 겸하면 많은 소득이 불의를 겸한 것보다 나으니라 (잠 16:8)
• 가산이 적어도 여호와를 경외하는 것이 크게 부하고 번뇌하는 것보다 나으니라 (잠 15:16)

- 불의의 재물은 무익하여도 의리는 죽음에서 건
  저느니라 (잠 10:2)
- 망령되이 얻은 재물은 줄어가고 손으로 모은
  것은 늘어가느니라 (잠 13:11)
- 네가 어찌 허무한 것에 주목하겠느냐 정녕히
  재물은 날개를 내어 하늘에 나는 독수리처럼
  날아가리라 (잠 23:5)
- 불의로 치부하는 자는 자고새가 낳지 아니한
  알을 품음 같아서 그 중년에 그것이 떠나겠고
  필경은 어리석은 자가 되리라 (렘 17:11)

  이외에도 단 11:24, 잠 13:22, 시 49:6−7,14,
잠 10:2, 사 33:15−16 등의 말씀을 마음에 새기
십시오.

벗어버려야 할 죄된 습관들(15)→염려

　염려란 말은 신약성경 원어로 '메림나' 입니다. 이 말에는 여러 의미가 있지만, 그 중에 하나가 가난한 신자, 빈한한 신자에 대해 교훈하는 의미가 있습니다. 즉 가난한 신자가 자기가 하루하루 먹고사는 문제에 너무 정신이 팔려서, 마음이 어수선하게 갈라져서 신앙생활을 제대로 못하고 있는 상태를 지칭합니다.

　그러나 여러분! 하나님께서 신자를 이 땅에 살게 하시는 한, 절대로 굶기지 않습니다. 살게 하신 이상 하나님께서 입을 것 먹을 것 다 주십니다. 꼭 필요한 생필품인데도, 하나님께서 안 주시고 계시다면, 그것은 하나님께서 내 목숨을 거두어 가시겠다는 신호일 것입니다.

　그러므로 하나님께서 오늘 내 목숨을 거둬가지 않으시고 살게 하신 것은, 오늘 먹을 것, 마실 것, 입을 것은 내게 보장하시겠다는 뜻입니다. 목숨을 거둬가지 않은 것은 목숨을 유지하기 위한 음

식과 쓸 것은 하나님께서 책임지고 공급하시겠다
는 뜻입니다.

여러분! 하나님께서는 여러분을 다 아십니다.
그분은 그렇게 허술하신 분이 아니십니다. 그러
니 제발 염려 좀 마십시오. 허구헌날 이 염려, 저
걱정! 징그럽지도 않으십니까?

우선 하나님을 믿지 못하고 먹고 사는 문제에
염려해왔던 것을 회개하십시오. 그리고 다음의
하나님 말씀을 매일 읽고 생각하고 외우십시오.
필요한 모든 것은 하나님께서 전적으로 공급하시
리라는 믿음이 생길 때까지 매일매일 이 말씀들
을 읽고 묵상하십시오.

그리고 많이 기도하십시오. 하루를 살더라도
하나님 안에서 염려 말고 사십시오. 그렇게 행동
하십시오. 그러노라면 어느덧 염려가 내게서 떨
어져나가고, 하나님을 전적으로 신뢰하는 사람으
로 내가 변화되어 있음을 보시게 될 것입니다. 말
씀에는 그런 능력이 있습니다.

• 내가 어려서부터 늙기까지 의인이 버림을 당
  하거나 그 자손이 걸식함을 보지 못하였도다

(시 37:25)

- 그러므로 내가 너희에게 이르노니 목숨을 위하여 무엇을 먹을까 무엇을 마실까 몸을 위하여 무엇을 입을까 염려하지 말라 목숨이 음식보다 중하지 아니하며 몸이 의복보다 중하지 아니하냐 공중의 새를 보라 심지도 않고 거두지도 않고 창고에 모아들이지도 아니하되 너희 천부께서 기르시나니 너희는 이것들보다 귀하지 아니하냐 너희 중에 누가 염려함으로 그 키를 한 자나 더할 수 있느냐 또 너희가 어찌 의복을 위하여 염려하느냐 들의 백합화가 어떻게 자라는가 생각하여 보라 수고도 아니하고 길쌈도 아니하느니라 그러나 내가 너희에게 말하노니 솔로몬의 모든 영광으로도 입은 것이 이 꽃 하나만 같지 못하였느니라 오늘 있다가 내일 아궁이에 던지우는 들풀도 하나님이 이렇게 입히시거든 하물며 너희일까 보냐 믿음이 적은 자들아 그러므로 염려하여 이르기를 무엇을 먹을까 무엇을 마실까 무엇을 입을까 하지 말라 이는 다 이방인들이 구하는 것이라 너희 천부께서 이 모든 것이 너희에게 있어야 할 줄을 아

시느니라 (마 6:25-32)

- 아무것도 염려하지 말고 오직 모든 일에 기도
와 간구로, 너희 구할 것을 감사함으로 하나님
께 아뢰라 (빌 4:6)
- 또 너희 중에 누가 염려함으로 그 키를 한 자
나 더할 수 있느냐 그런즉 지극히 작은 것이라
도 능치 못하거든 어찌 그 다른 것을 염려하느
냐 (눅 12:25-26)
- 그러므로 내일 일을 위하여 염려하지 말라 내
일 일은 내일 염려할 것이요 한 날 괴로움은 그
날에 족하니라 (마 6:34).
- 너희 염려를 다 주께 맡겨 버리라 이는 저가 너
희를 권고하심이니라 (벧전 5:7)

이외에도 준행하기에 참조할 구절로는 마
6:26, 28-30, 눅 8:14, 눅 21:34, 마 6:27, 시
37:5, 잠 16:3, 시 55:22, 렘 17:7-8, 빌 4:6,
12:22-30 등이 있습니다.

벗어버려야 할 죄된 습관들(16)→탐욕

탐욕이란 말은 신약성경의 원어로는 '플레오넥시아' 입니다. 탐심으로도 번역되어 있는 이 단어에는 앞에서 본 염려와는 반대로, 돈 있는 사람, 부유한 신자를 대상으로 교훈하는 의미가 있습니다. 즉 살만큼 가지고 있고 지금도 충분히 돈을 벌고 있는데도, 그게 성이 차지 않아서 더 벌려고 안달을 하는 부자들의 마음을 지칭합니다.

물론 부가 많은 것을 가지고 하나님께서 우리에게 뭐라고 하지 않으십니다. 쓸데가 많으면 그만큼 돈을 많이 벌어야 하는 것이고, 그것은 하나님께서도 알고 계시고 인정하는 일입니다. 돈을 써도 하나님 앞에 부끄럽지 않은 용처가 많아서, 돈을 많이 벌려고 하는 것을 가지고 하나님께서 왈가왈부하시지는 않는 다는 말입니다.

하나님께서 뭐라고 하시는 부분은, 가진 자가 더 가지려고 하는 탐욕하는 마음입니다. 돈이 나를 지켜주며, 돈이 내 인생을 보장해주는 것으로

생각하고, 자기의 육신적인 욕구를 더 한층 충족
키 위해서 돈을 더 벌려고 하는 탐욕한 마음을 하
나님은 싫어하십니다.

이 탐욕의 습관을 안 고치시면 신앙생활이 매
우 힘들어집니다. 가질 만큼 가졌는데도 사람이
타산적으로 되어 버립니다. 더 늦기 전에 하나님
께 자백하시고 돌이키셔야 합니다. 다음의 하나
님 말씀을 그대로 받아 들여 매일 읽고 생각하고
외우십시오.

그 말씀들이 돈은 믿을 것이 아니며, 하나님만
이 내 인생의 유일한 주관자이심을 믿는 믿음을
심어줄 것입니다. 말씀이 나를 변화시킬 것을 믿
으십시오. 그리고 그렇게 행동하십시오. 말씀에
는 그런 능력이 있습니다.

• 부자 되기에 애쓰지 말고 네 사사로을 지혜를
  버릴지어다 (잠 23:4)
• 부하려 하는 자들은 시험과 올무와 여러 가지
  어리석고 해로운 정욕에 떨어지나니 곧 사람으
  로 침륜과 멸망에 빠지게 하는 것이라 돈을 사
  랑함이 일만 악의 뿌리가 되나니 이것을 사모

하는 자들이 미혹을 받아 믿음에서 떠나 많은
근심으로써 자기를 찔렀도다 오직 너 하나님의
사람아 이것들을 피하고 의와 경건과 믿음과
사랑과 인내와 온유를 좇으며… 네가 이 세대
에 부한 자들을 명하여 마음을 높이지 말고 정
함이 없는 재물에 소망을 두지 말고 오직 우리
에게 모든 것을 후히 주사 누리게 하시는 하나
님께 두며 (딤전 6:9−11,17)

이외에도 시 139:15−16, 마 6:8, 욥 23:10,
39:4−5, 욥 42:2, 욥 31:4, 욥 34:21,25 등의 말
씀이 유용합니다.

벗어버려야 할 죄된 습관들(17)→음행

　음행은 성경에서 음심, 음욕, 음탕이라고도 합니다. 그런데 음행은 결혼한 기혼자가 외간 남자 외간 여자하고 바람피우는 것만을 지칭하지는 않습니다. 그런 혼외정사, 그리고 혼전성교를 포함해서, 외간 남자를 보고 저 남자하고 한번 살아봤으면 좋겠다! 하는 생각을 갖는 것도 음행이고, 지나가는 처녀를 보고 야! 조거 아주 야들 야들한 게 죽여주는데! 하고 음험한 눈길로 이성을 쳐다보는 것도 다 음행입니다. 한마디로 결혼 외의 관계에서 행해지는 모든 심리적이고 육체적인 성관계는 다 음행입니다.

　신자가 되어 가지고 아! 이제 승진도 했고, 돈도 벌었으니, 오늘은 음행을 저질러야지! 하고, 음행을 범하는 사람은 없습니다. 신자는 그렇게 직접적으로 음행을 저지르지 않습니다. 보다 훨씬 더 은밀한 방법을 거쳐 음행을 저지르게 됩니다.

예를 들어서 과다 노출을 즐기는 여직원의 짧은 스커트가 무심코 시선에 들어오고, 그것을 반복해서 훔쳐보고, 그것을 생각 속에서 즐기고, 그 생각 속에서 벗어나길 원치 않고, 그 생각을 현실화시키려고 궁리하고 집착하는 단계를 거쳐가다가, 마침내 일이 벌어지는 것입니다. 그래서 신자는 음행에 빠지지 않기 위해서는 우선 보는 것부터도 가려보아야 합니다.

다음의 하나님 말씀을 매일 읽고 외우고 묵상하고 마음에 간직함으로, 여건만 되면 당신을 음행하도록 충동질하는 죄의 습관을 제어하십시오.

• 부녀와 간음하는 자는 무지한 자라 이것을 행하는 자는 자기의 영혼을 망하게 하며 상함과 능욕을 받고 부끄러움을 씻을 수 없게 되나니 그 남편이 투기함으로 분노하여 원수를 갚는 날에 용서하지 아니하고 아무 벌금도 돌아보지 아니하며 많은 선물을 줄지라도 듣지 아니하리라 (잠 6:32-35)
• 나는 너희에게 이르노니 여자를 보고 음욕을 품는 자마다 마음에 이미 간음하였느니라 (마

5:28)

- 내가 내 눈과 언약을 세웠나니 어찌 처녀에게 주목하랴 (욥 31:1)
- 음행과 온갖 더러운 것과 탐욕은 너희 중에서 그 이름이라도 부르지 말라 이는 성도의 마땅한 바니라 (엡 5:3)
- 음녀로 인하여 사람이 한 조각 떡만 남게 됨이며 음란한 계집은 귀한 생명을 사냥함이니라 (잠 6:26)
- 사람이 불을 품에 품고야 어찌 그 옷이 타지 아니하겠으며 사람이 숯불을 밟고야 어찌 그 발이 데지 아니하겠느냐 남의 아내와 통간하는 자도 이와 같을 것이라 무릇 그를 만지기만 하는 자도 죄없게 되지 아니하리라 도적이 만일 주릴 때에 배를 채우려고 도적질하면 사람이 그를 멸시치는 아니하려니와 들키면 칠 배를 갚아야 하리니 심지어 자기 집에 있는 것을 다 내어 주게 되리라 부녀와 간음하는 자는 무지한 자라 이것을 행하는 자는 자기의 영혼을 망하게 하며 (잠 6:27-32)

　이외에도 계 22:15,마 5:32, 레 18:20 등의 말씀을 참조하십시오.

벗어버려야 할 죄된 습관들(18)→멸시

성경에서 멸시란 사람을 깔보는 것을 의미합니다. 사람을 얕보는 것을 말합니다. 그러나 사람을 얕잡아 보고 그래서 사람한테 반말 턱턱 하는 멸시의 행태는 신자가 할 일이 아닙니다. 신자란 결국 예수님을 닮아가려는 사람일찐데, 예수님은 이 땅에 계실 동안 평생 그 어느 누구도 천하거나 없다거나 병자라거나 해서 얕잡아 보시지 않으셨습니다.

그는 그 누구도 편파적으로 대하지 않으시고, 부자나 가난한 자나 사회적으로 성공한 자나 버림받은 자나 어른이나 어린아이나 다 같이 하나님의 귀한 사람으로 대하셨습니다. 다같이 하나님이 지으신 인격체로 대하셨습니다.

신자도 사람에 대해서 예수님께서 가지셨던 이 자세를 가져야 합니다. 마음에 추호라도 사람을 멸시하는 마음이 있었다면 그것을 하나씩 없애가야 합니다. 사람을 대할 때 그 사람이 많이 배운 사람이라고 높이 보고, 초등학교도 안 나온 사람이라고 무시하고, 돈 있는 사람이라고 떠받들고, 쥐뿔도 없는 가난한 사람이라고 함부로 대하고 이래서는 안됩니다.

사람은 그 누구든 하나님 앞에 귀한 존재로 지음 받았습니다. 아무리 악독한 짓을 저지른 사람이라도 하나님께서 여전히 그를 기다리시며 그를 사랑하신다는 생각을 가지고, 사람을 귀하게 대하실 줄 알아야 합니다.

그러므로 사람을 무조건 깔보고 얕보고 멸시하려드는 마음이 여전히 내게 남아 있거든, 하나님께 자백하신 다음, 고쳐 달라고 기도하셔야 합니다. 다음의 하나님 말씀을 매일 읽고 묵상하십시오. 그 어떤 사람이건 그를 나보다 낮게 여기는 태도가 내게 배양될 때까지 석달 넉달이든 일년이든 계속해서 이 말씀들을 묵상하십시오.

• 나를 태 속에 만드신 자가 그도 만들지 아니하셨느냐 우리를 뱃속에 지으신 자가 하나가 아니시냐 (욥 31:15)
• 가난한 사람을 학대하는 자는 그를 지으신 이

를 멸시하는 자요 궁핍한 사람을 불쌍히 여기
는 자는 주를 존경하는 자니라 (잠 14:31)
- 저를 천사보다 조금 못하게 하시고 영화와 존
  귀로 관을 씌우셨나이다 (시 8:5)
- 사람이 양보다 얼마나 더 귀하냐 그러므로 안
  식일에 선을 행하는 것이 옳으니라 하시고 (마
  12:12)
- 지혜 없는 자는 그 이웃을 멸시하나 명철한 자
  는 잠잠하느니라 (잠 11:12)
- 왕족을 외모로 취치 아니하시며 부자를 가난
  한 자보다 더 생각하지 아니하시나니 이는 그
  들이 다 그의 손으로 지으신 바가 됨이니라 (욥
  34:19)

이외에도 마 16:26, 잠 29:13, 잠 22:2, 욥
31:13-15 등의 말씀을 참조하십시오.

벗어버려야 할 죄된 습관들(19)→광폭

광폭이란 말은 성경에서 여러 의미로 쓰이고 있지만, 그 중에 가장 주된 의미는 자초지종도 알아 보지않고, 사람에게 화부터 내는 행동을 지칭하는 의미가 있습니다.

이 광폭한 행태가 제일 두드러지게 나타나는 영역이 바로 부모 자식에서입니다. 자녀가 어떤 잘못을 저질렀는데 그 경위를 알아보기도 전에, 부모가 대놓고 신경질부터 내고 소리지르고 화풀이하고 핏대 내는 것!—이것이 광폭의 전형적인 예입니다.

부모가 전후 사정도 물어 보지않고 벌컥 화부터 내어 버리면, 자녀들은 돌연 부모에 대해서 반발심을 품어버립니다. 그래 가지고 자기가 잘못한 것은 망각해버리고, 부모가 자기에게 화부터 내고 언성을 지르고 광폭하게 대한 것만을 마음에 둡니다. 이렇게 되면 자녀교육이 참 어려워집니다.

왜냐하면 자녀가 잘못을 했을 때 자녀에게 무엇을 잘못했는 지를 설명을 하고 그 잘못한 것에 따른 징계의 일환으로 매를 댐으로서, 네가 이러 이러한 일을 한 것은 하나님 앞에 잘못이다! 라는 것을 가르치는 기회로 삼아야 하는데, 부모가 화부터 내버리고 핏대부터 올리니, 자녀들은 자기가 잘못한 것은 노두고 감정적으로 부모에게 맞대응해버리기 때문에 일이 그르쳐지는 것입니다.

생각해보십시다. 자녀가 잘못했을 때 부모가 징계를 해야 하는데, 징계가 가진 최상의 목표는 자녀를 교정시켜 주는 것이어야 합니다. 자녀가 범한 그 일이 하나님 앞에서 잘못이라는 것을 자녀로 하여금 인식하게 하고, 그래서 자녀가 그러한 잘못을 다시 범하지 않도록 유도하는 것이 부모의 자녀에 대한 징계의 목표여야 합니다.

그러니까 이 목표를 달성하기 위해서는 자녀가 맞을 짓을 했더라도, 그것 때문에 광폭하지 말아야 합니다. 자녀를 대할 때 이미 감정이 솟구쳐 있는 상태이고 이미 화가 나 있는 상태라면, 그때에는 자녀한테 뭐라고 하실 생각은 말아야 합니다. 최우선적으로 화가 가라앉기를 기다려야 합니다.

　화가 가라앉기를 기다리지 않고 자녀에게 따발총처럼 해대버리면 그게 바로 광폭이고 그렇게 해버리시면 그만큼 손해입니다. 일단 화를 가라앉히시고 그 다음에 자녀를 대하는 것이 훨씬 잘하시는 것입니다.

　똑같은 회초리를 때려도 화가 난 상태에서 때리는 것은 광폭입니다. 광폭은 자녀에게 아무런 교훈도 주지 못합니다. 그러나 화가 가라앉은 다음에 드는 회초리는 징계입니다. 징계는 자식을 사랑하는 마음에서 가하는 책벌이며, 따라서 자식에게 교훈을 줍니다.

　자녀가 잘못했다고 덮어놓고 화부터 내는 광폭했었던 것을 하나님 앞에 자백함으로 용서를 받으십시오. 그런 다음에 다음의 하나님의 말씀을 매일 읽고 암송하고 묵상함으로서, 자녀에게 분부터 내는 습성, 자녀에게 화풀이 하는 습성을 교정받도록 하십시오. 하나님 말씀에는 그런 교정 능력이 있습니다.

• 또 아비들아 너희 자녀를 노엽게 하지 말고 오

직 주의 교양과 훈계로 양육하라 (엡 6:4)

- 네가 네 아들에게 소망이 있은즉 그를 징계하고 죽일 마음은 두지 말지니라 (잠 19:18)
- 네 자식을 징계하라 그리하면 그가 너를 평안하게 하겠고 또 네 마음에 기쁨을 주리라 (잠 29:17)
- 초달을 차마 못하는 자는 그 자식을 미워함이라 자식을 사랑하는 자는 근실히 징계하느니라 (잠 13:24)
- 아이의 마음에는 미련한 것이 얽혔으나 징계하는 채찍이 이를 멀리 쫓아내리라 (잠 22:15)

이외에도 잠 23:13, 잠 29:15, 잠 23:13-14, 잠29:15 등의 말씀은 우리의 광폭한 습성을 교정하는데에 아주 유용하게 소용되는 말씀입니다.

벗어버려야 할 죄된 습관들(20)→ 자족하지 아니함

이 땅에서 살면서 항상 부족함을 느끼고, 모든 것에 모자람을 느끼고 자족하지 못하며 사는 신자가 의외로 많습니다. 그것은 신자가 이 세상 사는 목표 자체를 잘못 잡아서 그럽니다.

신자가 자족하지 못하고 불평만 하고 사는 지경에 빠져들지 않기 위해서는 먼저 신자와 세상과의 관계를 성경적으로 잘 정리하고 있어야 합니다. 성경은 신자는 이 땅에서 행인이고 나그네와 같은 존재라고 정의하고 있습니다. 신자는 이 땅에서 살 사람들이 아니라는 것입니다. 신자는 이 땅에서는 과객이라는 것입니다.

그렇습니다. 신자는 천국에서 살 사람입니다. 그리고 지금 그 천국을 향해 가는 사람들이고, 이 다음에 천국 가서 살게 될 때 거기서 필요한 모든 것들을 이미 다 보장받은 사람들입니다. 이제 거기 가기만 하면 되는데, 바로 그 천국을 준비하는 기간으로 주어진 것이 이 땅에서의 기간입니다.

그러므로 신자들에게는 이 땅이 지나가는 땅이니 이 땅에서 좀 못살아도 크게 상관은 없는 것입니다. 물론 불신자들이야 다릅니다. 그들은 이 땅만이 목표입니다. 그래서 그네들은 이 세상 것을 움켜쥐려고 악착스러울 밖에 없습니다. 이 세상이 아니면 달리 목표를 둘 곳도 달리 갈 곳도 없는 사람들이기 때문입니다.

그러나 신자들까지 이 땅에 집착하는 것은 못난 일입니다. 물론 이 땅에서 돈이 많으면 편리하고 좋지만, 돈이 없어도 천국 가는 길에 전혀 지장이 없으니 크게 상관은 없는 것입니다. 이 세상에서 성공하면 좋겠지만 성공 못했다 하더라도 천국 가는 길에 전혀 지장이 없기 때문에, 신자는 이 땅에서 성공 못한다해도 크게 상관은 없는 것입니다. 바로 이 인식을 갖는 것이 어떤 형편에서도 자족할 수 있는 비결입니다.

우선 다음의 하나님 말씀을 매일매일 읽고 의우고 묵상하고 또 그대로 살아감으로써, 말씀이 나를 지키게 하고, 말씀이 나를 인도하게 하십시오. 천국이 내 인생의 진정한 목표로 자리잡을 때까지 말씀들을 반복해서 묵상하시고 또 그렇게 사십시오.

• 내가 궁핍하므로 말하는 것이 아니라 어떠한 형편에든지 내가 지족하기를 배웠노니 내가 비천에 처할 줄도 알고 풍부에 처할 줄도 알아 모든 일에 배부르며 배고픔과 풍부와 궁핍에도 일체의 비결을 배웠노라 내게 능력 주시는 자 안에서 내가 모든 것을 할 수 있느니라 (빌 4:11-13)

• 돈을 사랑치 말고 있는 바를 족한 줄로 알라 그가 친히 말씀하시기를 내가 과연 너희를 버리지 아니하고 과연 너희를 떠나지 아니하리라 하셨느니라 (히 13:5)

• 그러나 지족하는 마음이 있으면 경건이 큰 이익이 되느니라 우리가 세상에 아무것도 가지고 온 것이 없으매 또한 아무것도 가지고 가지 못하리니 우리가 먹을 것과 입을 것이 있은즉 족한 줄로 알 것이니라 (딤전 6:6-8)

• 여호와는 나의 목자시니 내가 부족함이 없으

리로다 그가 나를 푸른 초장에 누이시며 쉴 만한 물가으로 인도하시는도다 (시 23:1-2)

이외에도 딤전 6:9-10, 창 14:22-23, 잠 16:8, 삼하 19:33-37 말씀 등은 세상에서의 어떤 역경에도 신자를 넘어지지 않게 붙잡아 주며 세워 주며, 동시에 천국을 향한 소망을 더 더욱 확실히 해 줄 것입니다.

벗어버려야 할 죄된 습관들(21)→교만

　교만은 스스로 높아지려는 마음입니다. 스스로 높아지다 보니 남에게 젠체하고 뽐내고 자랑하고 방자하게 굴게 됩니다. 이 교만스런 마음과 태도는 신앙 성장에 아주 큰 장애를 부르는 병입니다. 조속히 끊어내 버리셔야 합니다. 그렇치 않으면 예수 믿는 기쁨 한번 누리지 못하고, 날마다 불평이고 사사건건 불만족 속에 살게 됩니다.

　다음의 하나님 말씀을 호주머니에 넣고 다니시면서, 매일매일 읽고 묵상하셔서 하나님의 긍휼을 입음으로, 그 말씀이 내 마음속에 있는 젠체하고 뽐내고 방자하게 말하고 행동하는 죄된 습관들을 하나씩 지워가게 하십시오. 하나님 말씀에는 사람을 정결케 하는 그런 능력이 있습니다.

- 주께서 곤고한 백성은 구원하시고 교만한 자를 살피사 낮추시리이다 (삼하 22:28)
- 주께서 곤고한 백성은 구원하시고 교만한 눈

은 낮추시리이다 (시 18:27)
- 여호와는 교만한 자의 집을 허시며 과부의 지계를 정하시느니라 (잠 15:25)
- 너희 모든 성도들아 여호와를 사랑하라 여호와께서 성실한 자를 보호하시고 교만히 행하는 자에게 엄중히 갚으시느니라 (시 31:23)
- 여호와의 미워하시는 것 곧 그 마음에 싫어하시는 것이 육칠 가지니 곧 교만한 눈과 거짓된 혀와 무죄한 자의 피를 흘리는 손과 (잠 6:16, 17; 잠 8:13, 16:5)

이외에도 약 4:6, 벧전 5:5, 잠 11:2, 잠 18:11−12, 말 4:1, 눅 18:14, 삼상 2:3−5, 잠 16:5, 18−19 말씀 등도, 심령 속에서 역사해서 아직도 내게 기승을 떨치고 있는 교만한 버릇을 깨끗이 척결해 줄 것입니다.

벗어버려야 할 죄된 습관들(22)→허망함

허망이란 말은 성경 원어로는 '마타이오오'라고 합니다. 이 말은 사는 목표가 무엇인지를 모르고 헛것에 질질 끌려다니는 것을 말합니다. 특별히 돈을 기준으로 해서 다음 행동을 결정하는 행태를 말합니다.

신자가 돈에 질질 끌려 다니는 것은 영적 성장에 큰 장애를 가져옵니다. 돈에 질질 끌려 다니지 않기 위해서는, 돈에 끌려 다니지 않는 경건의 연습을 해야 합니다.

우선적으로 돈이 원인이 되어서, 사람에게 잘 대해주고 못해주고 하는 태도를 버려야 합니다. 그래야 돈에 질질 끌려 다니지 않게 됩니다. 돈 때문에 사람에게 잘한다는 것은 뒤집어 말하면, 그 돈이 아니었으면 그 사람을 본 체도 안했다는 애기인데, 이것은 신자의 태도가 아닙니다.

월급 받을 때나 수입이 생겼을 때도 마찬가지입니다. 하나님께서 지금 이 회사 이 직장 이 일을 이 사람을 통해서 나의 생활을 공급하고 계시는구나! 하는 인식을 가져야 합니다. 그래야 돈에 질질 매여 다니지 않게 됩니다. 그렇치 않고 나는 그만큼 열심히 충성되게 일했는데, 왜 월급은 요것밖에 안 주는가! 생각하기 시작하면 한도 끝도 없습니다.

사람이 돈에 질질 매여 다니면 끝내는 추하게 됩니다. 지금까지 그렇게 살아오셨으면 더 늦기 전에 돌이키셔야 합니다. 다음의 하나님 말씀을 호주머니에 넣고 다니시면서 매일매일 읽고 외우고 생각하고 또 그렇게 살려고 애씀으로, 돈에 안달하고, 돈에 울고 웃고, 돈에 발을 동동 구르고, 돈 때문에 속태우던 행태를 내게서 몰아내도록 하십시오. 하나님의 말씀에는 우리의 눈을 열어서 돈에 매달리는 인생이 얼마나 허망한 인생인가를 보게 하는 초자연적인 능력이 있습니다.

- 포학을 의지하지 말며 탈취한 것으로 허망하여지지 말며 재물이 늘어도 거기 치심치 말지어다 (시 62:10)
- 집 하인이 두 주인을 섬길 수 없나니 혹 이를

미워하고 저를 사랑하거나 혹 이를 중히 여기고 저를 경히 여길 것임이니라 너희가 하나님과 재물을 겸하여 섬길 수 없느니라 (눅 16:13)

• 부하려 하는 자들은 시험과 올무와 여러 가지 어리석고 해로운 정욕에 떨어지나니 곧 사람으로 침륜과 멸망에 빠지게 하는 것이라 돈을 사랑함이 일만 악의 뿌리가 되나니 이것을 사모하는 자들이 미혹을 받아 믿음에서 떠나 많은 근심으로써 자기를 찔렀도다 (딤전 6:9−10)

• 지혜로운 자의 재물은 그의 면류관이요 미련한 자의 소유는 다만 그 미련한 것이니라 (잠 14:24)

• 네가 어찌 허무한 것에 주목하겠느냐 정녕히 재물은 날개를 내어 하늘에 나는 독수리처럼 날아가리라 (잠 23:5)

• 네가 이 세대에 부한 자들을 명하여 마음을 높이지 말고 정함이 없는 재물에 소망을 두지 말고 오직 우리에게 모든 것을 후히 주사 누리게 하시는 하나님께 두며 (딤전 6:17)

이외에도 삼상 2:7, 대상 29:12, 잠 22:16, 마

6:19-21, 약 1:10-11, 약 5:1-3, 잠 11:28, 계 3:17, 약 2:2-4 등의 말씀도 돈에 질질 끌려 다니는 죄된 습관을 내게서 떠나버리게 하는데 아주 유용한 말씀입니다.

벗어버려야 할 죄된 습관들(23)→불신앙

신앙이 안 좋아서 내가 이런 험한 일을 당하고 있다고 생각하는 것! 내게 이런 죽을병이 생기고, 되는 일이 하나도 없고, 사고만 나고 그러는 것은, 내가 신앙이 안 좋아서 하나님께 저주를 받아서 생긴 일이라고 생각하는 것!—이 생각 자체가 불신앙입니다.

왜냐하면 이 생각을 뒤집어서 보면, 만일 내게 온전한 믿음이 있었다면, 어떻게 병이 생기고 실패가 있고 되는 일이 하나도 없겠느냐! 내가 신앙이 나쁘니까 이런 어려운 일이 계속 생기는 것이다!라고 하는 것이 되는 데, 이것은 하나님의 의도와는 전혀 다른 것입니다.

신앙생활 잘하고 있고 하나님 앞에 바로 살려고 하고 있는데도, 세상적으로 물질적으로 험하고 어려운 일을 당하는 신자들이 많습니다.

그렇다면 하나님이 사랑하는 자녀에게 왜 그 곤혹스런 일들을 허락하셨느냐!를 생각해보셔야 합니다. 답은 그게 다 우리에게 약이 되기 때문입니다. 그게 우리에게 유익이 되기 때문입니다. 내게 생기는 어려운 일 모두가, 내게 유익이 되고, 영적으로 보아서 내게 손톱 만한 손해도 날 것이 하나도 없기 때문에, 하나님이 우리에게 그 일을 허락하신 것이라는 것을 믿어야합니다. 내가 믿음이 없어서 그 흉한 일을 당하고 있다는 불신앙적인 마음을 지워버려야 합니다.

우선 많이 무릎을 꿇으십시오. 불신앙을 품어왔던 것을 회개하십시오. 그런 다음에 다음의 하나님 말씀을 매일 읽고 묵상하십시오. 이 말씀들이 내 심령에 박혀서, 그 어떤 일이 생기든 그 일들은 다 하나님께서 내게 유익 되라고 허락하신 일이라! 는 것을 믿는 믿음이 말씀으로 말미암아 내 마음에 굳게 자리 잡을 때까지 매일매일 이 말씀들을 묵상하십시오. 그리고 그렇게 사십시오.

• 그러므로 너희가 이제 여러 가지 시험을 인하여 잠깐 근심하게 되지 않을 수 없었으나 오히려 크게 기뻐하도다 너희 믿음의 시련이 불로 연단하여도 없어질 금보다 더 귀하여 예수 그

리스도의 나타나실 때에 칭찬과 영광과 존귀를 얻게 하려 함이라 (벧전 1:6-7)
- 사랑하는 자들아 너희를 시련하려고 오는 불 시험을 이상한 일 당하는 것같이 이상히 여기지 말고 (벧전 4:12)
- 여호와여 나를 살피시고 시험하사 내 뜻과 내 마음을 단련하소서 (시 26:2)
- 하나님이여 주께서 우리를 시험하시되 우리를 단련하시기를 은을 단련함같이 하셨으며 우리를 끌어 그물에 들게 하시며 어려운 짐을 우리 허리에 두셨으며 사람들로 우리 머리 위로 타고 가게 하셨나이다 우리가 불과 물을 통행하였더니 주께서 우리를 끌어내사 풍부한 곳에 들이셨나이다 내가 번제를 가지고 주의 집에 들어가서 나의 서원을 갚으리니 (시 66:10-13)

이외에도 단 12:10, 고후 12:7, 신 8:2, 대하 32:31, 시 139:23, 전 3:18, 신 13:3 등의 말씀은 우리를 신앙의 사람으로 가장 확실하게 교육시켜 줄 것입니다.

벗어버려야 할 죄된 습관들(24)→성냄

흔히들 저 사람은 저 욱! 하고 성내는 저 성질만 죽이면 참 좋은데! 라는 말들을 많이 하지만, 그러나 이 말은 엄밀히 말해서 틀린 말입니다.

성경에 "사람의 성내는 것이 하나님의 의를 이루지 못함이니라 그러므로 모든 더러운 것과 넘치는 악을 내어버리고 능히 너희 영혼을 구원할 바 마음에 심긴 도를 온유함으로 받으라"(약 1:20−21)고 정의한 바와 같이, 성내는 것은 성격의 문제가 아니라, 마음에 넘치는 악과 모든 더러운 것이 쌓여 있다가, 그게 어떤 계기를 통해서 밖으로 잠시 넘쳐 나온 것에 불과한 것입니다.

그러므로 그 동안 걸핏하면 성을 냈던 것에 대해서 하나님께 자백하십시오. 먼저 그의 나라와 그의 의를 구하라고 하셨는데 성을 안낼 일인데도 상습적으로 성을 냄으로 말미암아, 하나님의 말씀을 멸시했었던 것을 깊이 회개하십시오.

그리고 다음의 하나님 말씀들을 가지고 다니시

면서 페이지가 닳을 때까지 매일 읽고 외우고 묵상 하십시오. 그래서 내 안에 있는 걸핏하면 성을 내는 습관의 근원인 모든 더러운 악을, 하나님의 말씀으로 하여금 청소하도록 하십시오. 하나님 말씀을 통해서 작은 일에도 팩 하고 성을 내었던 나의 모습이 얼마나 추한 모습인가를 확인하시고, 교정 받으십시오. 하나님의 말씀에는 그런 교정 능력이 있습니다.

- 사람의 성내는 것이 하나님의 의를 이루지 못함이니라 (약 1:20)
- 분을 내어도 죄를 짓지 말며 해가 지도록 분을 품지 말고 (엡 4:26)
- 유순한 대답은 분노를 쉬게 하여도 과격한 말은 노를 격동하느니라 (잠 15:1)
- 일의 끝이 시작보다 낫고 참는 마음이 교만한 마음보다 나으니 급한 마음으로 노를 발하지 말라 노는 우매자의 품에 머무름이니라 (전 7:8-9)
- 노하기를 더디하는 자는 용사보다 낫고 자기의 마음을 다스리는 자는 성을 빼앗는 자보다

나으니라 (잠 16:32)

이외에도 마 5:22, 갈 5:19—20, 잠 27:3, 전 7:9, 잠 27:4, 잠 25:28, 잠 27:3,4, 엡 4:31, 골 3:8, 잠 15:18 등의 말씀도 성내는 습관을 다스리는 데 매우 유용합니다.

벗어버려야 할 죄된 습관들(25)→인색함

누구에게 뭘 주면서 아까운 생각이 들면, 아! 나는 아직 인색한 사람이다!—이렇게 판단하시면, 틀림이 없습니다.

성경은 누가 뭘 달라고 하거든 할 수만 있으면 거절치 말고 거저 주라!고 말씀하고 있습니다. 물론 남이 달란다고 빚까지 내서까지 주라는 말은 아닙니다. 다만 누가 달라고 하면 나도 물론 어렵지만, 힘자라는 한, 박대하지 말고 달라는 사람에게 거저 주라! 는 말씀입니다.

신자가 왜 이렇게 해야 하느냐 하면, 우리가 지금 소유하고 있고 누리고 있고 가지고 있는 것들 중에, 그 어느 것 하나도 하나님으로부터 거저 받지 아니한 것이 없기 때문입니다. 거저 받았으니 거저 주라는 것입니다.

사람이 누가 달란다고 거저 주기만 하는 것은, 어떻게 보면 바보 같은 삶일 수 있습니다. 그렇게 거저 자주 주면서 어떻게 세상 살 수 있느냐!는 비아냥거림을 들을 수 있습니다. 그러나 신자는 세상을 바라고 사는 사람들이 아닙니다. 신자는 하나님을 바라고 사는 사람들입니다. 그 하나님께서 누가 달라고 하거든 할 수만 있으면 거져 주라고 하십니다.

그러므로 주는 연습을 하십시오. 그 동안은 누구한테 주면서도 여전히 내게 아까워하는 마음이 있었는데, 그 인색한 마음이 하나님의 말씀으로 인해서 이제는 기쁨으로 주는 마음으로 변화될 것을 기대하십시오. 다음의 하나님 말씀을 호주머니에 넣고 가지고 다니시면서, 매일 읽고 묵상하십시오. 그리고 작은 것부터라도 주는 훈련을 오늘부터 하십시오.

• 주라 그리하면 너희에게 줄 것이니 곧 후히 되어 누르고 흔들어 넘치도록 하여 너희에게 안겨 주리라 너희의 헤아리는 그 헤아림으로 너희도 헤아림을 도로 받을 것이니라 (눅 6:38)
• 네게 구하는 자에게 주며 네게 꾸고자 하는 자에게 거절하지 말라 (마 5:42)
• 오직 선을 행함과 서로 나눠 주기를 잊지 말라

이같은 제사는 하나님이 기뻐하시느니라 (히 13:16)

• 선한 일을 행하고 선한 사업에 부하고 나눠 주기를 좋아하며 동정하는 자가 되게 하라 (딤전 6:18)

• 누가 너를 구별하였느뇨 네게 있는 것 중에 받지 아니한 것이 무엇이뇨 네가 받았은즉 어찌하여 받지 아니한 것같이 자랑하느뇨 (고전 4:7)

• 범사에 너희에게 모본을 보였노니 곧 이같이 수고하여 약한 사람들을 돕고 또 주 예수의 친히 말씀하신 바 주는 것이 받는 것보다 복이 있다 하심을 기억하여야 할지니라 (행 20:35)

• 가난한 자를 불쌍히 여기는 것은 여호와께 꾸이는 것이니 그 선행을 갚아 주시리라 (잠 19:17)

이외에도 슥 7:10−12, 잠 11:24−25, 전 5:13−14, 잠 11:26, 잠 28:27, 학 1:9−11, 잠 21:13, 눅 18:22−25, 학 1:2 등의 말씀을 사용하셔서, 누가 달라고 하면 힘자라는 한 거져 주는 훈련을 하십시오.

벗어버려야 할 죄된 습관들(26)→험담

험담은 남의 말을 하기를 좋아하는 것을 지칭합니다. 남의 말을 안하면 좀이 쑤셔서 못 견디는 것을 말합니다. 이런 신자가 한둘이 아닙니다. 별로 좋은 얘기도 아닌데도, 여기 저기 돌아다니면서 이사람 저사람에게 남의 말을 하는 신자가 허다합니다. 그 동안 남의 말을 퍼뜨리고 다니다가 큰 낭패를 보아서 정신을 차릴 만한데도, 여전히 입을 가만 두지 못하는 신자가 의외로 많습니다.

신자라면 마땅히 남의 허물과 남의 잘못과 남의 비밀을 숨겨주고 덮어 주어야 함에도 불구하고, 하루라도 사람들 앞에서 남의 흉을 안보고는 못 견딜 정도가 되었다면, 이것은 신앙 성장에 큰 걸림돌이 됩니다. 즉시 고쳐야 합니다.

우선 남의 말을 해야만 직성이 풀리는 이 버릇을 이번에 끊어 내버리리라! 결심하십시오. 그런 다음에 다음의 하나님의 말씀을 매일 읽고 암송하고 묵상하십시오. 말씀이 나의 입술을 깨끗하게 하고, 나의 입술을 점령하게 하십시오. 하나님 말씀에는 그런 위대한 능력이 있습니다.

- 패려한 자는 다툼을 일으키고 말쟁이는 친한 벗을 이간하느니라 (잠 16:28)
- 허물을 덮어 주는 자는 사랑을 구하는 자요 그것을 거듭 말하는 자는 친한 벗을 이간하는 자니라 (잠 17:9)
- 남의 말하기를 좋아하는 자의 말은 별식과 같아서 뱃속 깊은 데로 내려가느니라 (잠 18:8)
- 너는 네 백성 중으로 돌아다니며 사람을 논단하지 말며 네 이웃을 대적하여 죽을 지경에 이르게 하지 말라 나는 여호와니라 (레 19:16)
- 두루 다니며 한담하는 자는 남의 비밀을 누설하나 마음이 신실한 자는 그런 것을 숨기느니라 (잠 11:13)
- 두루 다니며 한담하는 자는 남의 비밀을 누설하나니 입술을 벌린 자를 사귀지 말지니라 (잠 20:19)
- 나무가 다하면 불이 꺼지고 말쟁이가 없어지면 다툼이 쉬느니라 (잠 26:20)

• 또 저희가 게으름을 익혀 집집에 돌아다니고 게으를 뿐 아니라 망령된 폄론을 하며 일을 만들며 마땅히 아니할 말을 하나니 (딤전 5:13)

이외에도 잠 13:3, 시 15:1-3, 시 50:19-21, 겔 22:9, 잠 15:23, 잠 25:11, 마 12:36, 잠 15:28 등을 입술로 매일 선포하십시오. 이들 말씀은 험담하는 죄된 습성을 떨쳐 버리는데 아주 유용한 말씀들입니다.

벗어버려야 할 죄된 습관들(27)→아첨

　아첨이란 성경 히브리어로 '하라크'라고 합니다. 이 '하라크'라는 말은 헛된 말, 뻥치는 말, 과장하는 말을 지칭합니다. 그러니까 있지도 않은 일인데 있었던 것처럼 꾸며대거나, 뻥을 치거나, 과장하거나 하는 것이 아첨입니다.

　문제는 이런 아첨하는 말은 그 당시에는 듣는 사람을 기분 좋게 만들지만 종국에는 그게 다 드러나서 아첨의 말을 한 그 사람을 추하고 천박스럽게 만들어 버린다는 점입니다. 그러므로 내 말에 아첨하고 과장하고 허풍하는 끼가 있다고 생각되시거든 바로 고치십시오. 이 아첨하는 병을 안 고치면 그게 나중에는 응고되어서 별별 수를 다 써도 어찌할 도리가 없게 악화되어 버리게 됩니다.

　그 동안 내가 이득을 보기 위해 남듣기 좋은 아첨하는 말들을 해왔으면 하나님께 자백하십시오. 그리고 다음의 하나님 말씀을 매일 읽고 생각하고 외우십시오. 이 말씀들이 내 마음에 있는 아첨하고 뻥치고 과장하는 죄된 습관을 몰아내고, 내 마음에 하나님이 원하시는 정결한 이미지를 형성할 때까지, 말씀들을 매일매일 읽고 묵상하고 많이 기도하십시오.

- 지으신 것이 하나라도 그 앞에 나타나지 않음이 없고 오직 만물이 우리를 상관하시는 자의 눈 앞에 벌거벗은 것같이 드러나느니라 (히 4:13)
- 누구든지 헛된 말로 너희를 속이지 못하게 하라 이를 인하여 하나님의 진노가 불순종의 아들들에게 임하나니 (엡 5:6)
- 사람들이 이에서 벗어나 헛된 말에 빠져 (딤전 1:6)
- 망령되고 헛된 말을 버리라 저희는 경건치 아니함에 겉점 나아가나니 (딤후 2:16)
- 이 같은 자들은 우리 주 그리스도를 섬기지 아니하고 다만 자기의 배만 섬기나니 공교하고 아첨하는 말로 순진한 자들의 마음을 미혹하느니라 (롬 16:18)

- 너희도 알거니와 우리가 아무 때에도 아첨의 말이나 탐심의 탈을 쓰지 아니한 것을 하나님이 증거하시느니라 (살전 2:5)
- 디모데야 네게 부탁한 것을 지키고 거짓되이 일컫는 지식의 망령되고 허한 말과 변론을 피하라 (딤전 6:20)

이외에도 마 12:34, 잠 10:19, 전 5:3, 잠 14:23, 딛 1:10, 말 3:13, 마 12:36−37, 엡 4:29, 엡 5:4, 호 10:4, 골 2:4, 벧전 2:1 등의 말씀을 참조하십시오.

벗어버려야 할 죄된 습관들(28)→행치 않음

말씀을 듣기만 하고 손발은 꼼짝 안하려는 신자들이 많습니다. 그러나 성경은 말씀을 듣고 읽고 외우고 그러는 것을 넘어서서, 말씀을 실제로 몸으로 실천하는 것까지를 요구하고 있습니다.

말씀을 듣기만 하고 행하지 않으면 신앙이 어린아이와 같이 되어 버립니다. 가난하게 되어 버립니다. 그래서 종국에는 신자인데도 세상 사람이 보기에는 참으로 초라하고 알량하기 그지없는 사람이 되어 버립니다.

예를 들어서 교회에서 설교를 듣고 원수를 사랑하라! 는 말씀에 아멘! 을 했으면, 실제로 세상에서 살 때 원수를 만나서도 그 말씀대로 살려고 몸부림쳐야 합니다. 그 말씀대로 살지 못하고 있는 것이 고민이 되어야 합니다. 그 말씀대로 살지 못하고 내 성깔대로 산 것이 괴로워서 잠이 안 와야 합니다.

다음의 하나님 말씀을 가지고 다니시면서 매일

외우고 묵상하고 이들 말씀이 주는 바 교훈을 뼈
에 새기시려고 애쓰십시오.

- 그러므로 누구든지 이 계명 중에 지극히 작은
  것 하나라도 버리고 또 그같이 사람을 가르치
  는 자는 천국에서 지극히 작다 일컬음을 받을
  것이요 누구든지 이를 행하며 가르치는 자는
  천국에서 크다 일컬음을 받으리라 (마 5:19)
- 너희가 나의 명하는 대로 행하면 곧 나의 친구
  라 (요 15:14)
- 그러므로 누구든지 나의 이 말을 듣고 행하는
  자는 그 집을 반석 위에 지은 지혜로운 사람 같
  으리니 비가 내리고 창수가 나고 바람이 불어
  그 집에 부딪히되 무너지지 아니하나니 이는
  주초를 반석 위에 놓은 연고요 (마 7:24-25)

  이외에도 사 30:9, 렘 6:10, 딤후 4:3-4, 벧전
2:8, 벧후 3:15-16, 사 5:24, 잠 13:13, 사 28:13
등의 말씀을 참조하십시오.

벗어버려야 할 죄된 습관들(29)→상처주는 말

　아무리 손상하셔도, 남의 심중에 상처를 입히는 가시돋친 말은 삼가십시오. 내 심장이 터지는 한이 있더라도, 남의 눈에 피눈물나게 만드는 말은 절대로 하지 않으리라 결심하십시오. 평생을 따뜻한 말만 하고 살려고, 애쓰고 애쓰고 또 애쓰십시오.

　다음의 하나님 말씀을 가지고 다니시면서 매일 읽고 외우고 묵상하십시오. 남에게 상처 주는 말을 거침없이 내뱉었던 과거를 회개하십시오. 그리고 할 수만 있으면 그 사람들을 찾아가서 상처를 입힌데 대해서 용서를 구하십시오. 많이 기도하시고 말씀으로 인해서 내 안에 여전히 상존하고 있는 남에게 상처주는 말버릇이 교정될 것을 믿으십시오.

　그리고 지금부터는 은혜로운 말을 하는데에 마음을 다하고 뜻을 다하고 목숨을 다하십시오.

• 유순한 대답은 분노를 쉬게 하여도 과격한 말
  은 노를 격동하느니라 (잠 15:1)
• 의인의 마음은 대답할 말을 깊이 생각하여도
  악인의 입은 악을 쏟느니라 (잠 15:28)
• 무릇 더러운 말은 너희 입밖에도 내지 말고 오
  직 덕을 세우는 데 소용 되는 대로 선한 말을
  하여 듣는 자들에게 은혜를 끼치게 하라 (엡 4
  :29)
• 악인의 말은 사람을 엿보아 피를 흘리자 하는
  것이어니와 정직한 자의 입은 사람을 구원하느
  니라 (잠 12:6)
• 그러므로 생명을 사랑하고 좋은 날 보기를 원
  하는 자는 혀를 금하여 악한 말을 그치며 그 입
  술로 궤휼을 말하지 말고 (벧전 3:10)

  이외에도 잠 18:20, 잠 14:25, 엡 5:4, 잠
15:26, 요삼 1:10, 잠 25:15, 잠 24:26 등의 말씀
을 매일 가지고 다니시면서 생각하시고 묵상하십
시오.

벗어버려야 할 죄된 습관들(30)→ 보답을 바라는 마음

누구를 도와줄 때는 하나님 앞에서 힘자라는 대로 도와주십시오. 그리고는 도와준 것을 잊어버리십시오. 도와준 사람으로부터의 보답은 기대하지 마십시오. 브답을 기대하다가 막상 그 사람으로부터 보답이 없거나, 그 사람이 나한테 도움을 받고도 입 싹 닦는 것을 보게 되면, 도와주고도 시험을 받기 십상입니다. 뭐 저런 사람이 있나! 하지 마십시오. 사람은 원래가 그런 족속들입니다.

사람들이 왜 서로 처절하게 싸우는 지 아십니까? 한때는 간이라도 빼어줄 것 같았던 사람들이 왜 서로 그렇게 싸우는 지 아십니까? 천년 만년 동업할 것같은 사람들이 왜 그토록 서로에게 섭섭함과 설움과 배신감까지 느끼는지 아십니까?

내가 당신한테 무슨 보답을 바라고 도운 것은 아니지만, 그래도 내가 곤경에 처했을 때 다른 사

람은 몰라도 당신만은 나를 좀 이해해줄 줄 알았
었는데, 믿었던 당신이 내게 보답하기는커녕 오
히려 배은망덕하게 나한테 난리를 칠 수 있느냐!
하는 것 때문에 싸웁니다. 보답 없음 때문에 싸우
는 것입니다.

　사람으로부터 보답을 기대하지 마십시오. 근원
적인 보답은 하나님께로서만 옵니다. 사람은 사
랑으로 섬겨줘야 하는 대상이지 내가 잘해줬다고
그 사람이 내게 보답을 하리라는 보장은 없습니
다. 그런 기대는 하지 마십시오.

　다음의 말씀이 내 생각을 완전히 점령하게 하
십시오. 하나님 말씀이 먼저 내 마음을 점거하게
하지 않고는 내 몸은 그쪽으로 갈 수 없습니다.
내 마음을 차지하고 있었던, 사람에게 보답을 바
라고 뭘해주는 그런 인간적인 생각을 말씀이 몰
아내게 하십시오. 말씀에는 내 인식체계를 그렇
게 바꾸어주는 기적적인 능력이 있습니다. 다음
말씀을 매일 외우고 생각하고 묵상하십시오. 그
리고 그대로 실천하려고 애쓰십시오.

• 하나님의 위로와 네게 온유하게 하시는 말씀

을 네가 어찌 작다 하느냐 (욥 15:11)

- 어미가 자식을 위로함같이 내가 너희를 위로할 것인즉 너희가 예루살렘에서 위로를 받으리니 (사 66:13)

- 밤새도록 애곡하니 눈물이 뺨에 흐름이여 사랑하던 자 중에 위로하는 자가 없고 친구도 다 배반하여 원수가 되었도다 (애 1:2)

- 하늘이여 노래하라 땅이여 기뻐하라 산들이여 즐거이 노래하라 여호와가 그 백성을 위로하였은즉 그 고난당한 자를 긍휼히 여길 것임이니라 (사 49:13)

- 오직 너희는 원수를 사랑하고 선대하며 아무것도 바라지 말고 빌리라 그리하면 너희 상이 클 것이요 또 지극히 높으신 이의 아들이 되리니 그는 은혜를 모르는 자와 악한 자에게도 인자로우시니라 (눅 6:35)

이외에 더 참고할 구절로는 시 71:21, 시 86:17, 사 51:3, 고후 1:3, 사 61:1−3, 롬 15:4, 시 39:7, 시 27:1, 마 11:28 등이 유용합니다.

벗어버려야 할 죄된 습관들(31)→비판

비판이란 걸핏하면 사람을 비난하고 욕하는 것을 말합니다. 그런데 우리가 성경에서 생각해보면 우리는 누구를 비판하고 말고 할 것이 없는 존재임을 알 수 있습니다.

우리는 원래 모두 하나님의 은혜가 아니었으면 진작에 죽었을 죄인들이었음을 알아야 합니다. 아주 악독한 죄인들이었음을 알아야 합니다. 그렇기 때문에 우리 중에 누가 누구보다 더 낳은 사람도 없고, 누가 누구보다 더 못난 사람도 없습니다. 우리는 너나 할 것없이 똑같이 하나님의 은혜를 입은 사람들입니다.

따라서 예수 그리스도의 피로 구원받은 우리는 우리 평생에 누구를 향해서 비판을 하고 말 것도 없는 사람들이요, 우리 일생에 누구를 향해서 눈을 부라리고 말 것도 없는 사람들이요, 우리 생애에 누구를 향해서도 욕을 하고 말 것도 없는 사람들이며, 입을 삐쭉거리며 그런 놈은 죽여야 된다

느니! 매장시켜버려야 한다느니! 하고 말 것도 없
는 사람들입니다.

우리는 다 같이 하나님의 사랑을 입은 사람들
이고, 우리는 다같이 하나님 앞에 죄인들이었고,
그래서 우리는 다 같이 서로 덮어주고 서로 불쌍
히 여겨주어야 할 사람들입니다. 그러므로 남을
보고 못 낫다느니! 밥값도 못하는 사람이라느니!
꼴 같지 않은 사람이라느니! 하고 비판한다는 것
은 사람은 누가 누구보다도 나은 사람도 없고 못
한 사람도 없이 하나님 앞에 다 같이 은혜를 입은
사람이라! 는 하나님 앞에서의 인간의 기본적인
존재 양식을 정면으로 거부하는 악한 일입니다.

이 악한 마음을 회개하고 벗어버려야 합니다.
우선 다음의 하나님 말씀을 매일 읽고 외우고 묵
상하십시오. 남을 비판하고 욕하던 마음이 점차
적으로 벗겨지고, 그리스도의 마음으로 변화되는
기적을 체험할 것을 기대하십시오. 하나님 말씀
에는 사람을 변화시키는 그런 능력이 있습니다.

• 비판치 말라 그리하면 너희가 비판을 받지 않
  을 것이요 정죄하지 말라 그리하면 너희가 정

죄를 받지 않을 것이요 용서하라 그리하면 너희가 용서를 받을 것이요 (눅 6:37)

- 그러므로 남을 판단하는 사람아 무론 누구든지 네가 핑계치 못할 것은 남을 판단하는 것으로 네가 너를 정죄함이니 판단하는 네가 같은 일을 행함이니라 이런 일을 행하는 자에게 하나님의 판단이 진리대로 되는 줄 우리가 아노라 (롬 2:1—2)

- 비판을 받지 아니하려거든 비판하지 말라 너희의 비판하는 그 비판으로 너희가 비판을 받을 것이요 너희의 헤아리는 그 헤아림으로 너희가 헤아림을 받을 것이니라 어찌하여 형제의 눈 속에 있는 티는 보고 네 눈 속에 있는 들보는 깨닫지 못하느냐 보라 네 눈 속에 들보가 있는데 어찌하여 형제에게 말하기를 나로 네 눈 속에 있는 티를 빼게 하라 하겠느냐 외식하는 자여 먼저 네 눈 속에서 들보를 빼어라 그 후에야 밝히 보고 형제의 눈 속에서 티를 빼리라 (마 7:1—5)

- 긍휼히 여기는 자는 복이 있나니 저희가 긍휼히 여김을 받을 것임이요 (마 5:7)

이 말씀외에도 요 7:21−24, 약 4:11−12, 고전 4:5, 딛 3:11, 롬 2:1, 롬 14:1−3, 10−12 등의 말씀으로 나를 교육시켜 나가십시오.

지은이 / 유동준

지은이는 1956년 생으로 연세대, 연세대대학원, 미국 미시간주 칼빈신학교, 미국 오하이오주립대학원을 졸업했으며, 이민교회인 충실장로교회를 담임해서 목회한후, 현재는 미국 Presbyterian Theological Seminary 신약학교수로 있다.

지은 책으로는 「남편이 살아야 가정이 산다」「실직은 기회다」「서초동에서 천국까지」「설교자를 위한 언어학」「마지막 안녕이라고 말하는 것은 슬픕니다」「예배, 어떻게 드리고 계십니까」「하나님의 브레이크」「이런 부모가 자녀를 성공시킨다」「돈, 돈이란 무엇인가」「죄를 끊자」「성경어휘의미론」「예수를 닮기 원하는 사람이 예수님께 배워야 할 성품들」「이혼, 꼭 하시렵니까」 등이 있으며, 성경의 가르침이 실생활과 어떻게 연결되는가 하는 점을 권면함으로 그리스도인들을 섬기는 사역을 평생의 업으로 삼고 있다.

죄를 끊자

지은이   유동준
펴 낸 이   김민영
펴 낸 날   1999. 7 5.
12쇄발행 2006. 5. 18.
등록번호   제22-1453호
펴 낸 곳   도서출판 최선의 삶
              (우 137-876) 서울시 서초구 서초동 1589-5
              센츄리 오피스텔 511호
전   화   587-4737
팩   스   587-4733
* 책값은 표지에 있습니다.
ISBN   89-88657-02-0
총   판   (주)기독고출판유통
전   화   (031)906-9191

E · Mail: Malipres@hite.net
최선의 삶은 독자의 의견에 항상 귀기울이고 있습니다.

도서출판 최선의 삶은
성도들이 예수님을 닮아가는
최선의 삶을 살아가는데
영적인 도움을 주는 책들을
펴냅니다